Shuwasystem Business Guide Book How-nual

最新 原価計算の基本と仕組みがよ～くわかる本

利益を最大化するコストマネジメント

[第3版]

公認会計士・税理士
柴山　政行 著

秀和システム

●注意

⑴ 本書は著者が独自に調査した結果を出版したものです。

⑵ 本書は内容について万全を期して作成いたしましたが、万一、ご不審な点や誤り、記載漏れなどお気付きの点がありましたら、出版元まで書面にてご連絡ください。

⑶ 本書の内容に関して運用した結果の影響については、上記（2）項にかかわらず責任を負いかねます。あらかじめご了承ください。

⑷ 本書の全部または一部について、出版元から文書による承諾を得ずに複製することは禁じられています。

⑸ 本書に記載されているホームページのアドレスなどは、予告なく変更されることがあります。

⑹ 商標

本書に記載されている会社名、商品名などは一般に各社の商標または登録商標です。なお、本文中には™、®を明記しておりません。

はじめに

本書の第１版が世に出たのは、好景気といわれたリーマンショック前夜の2006年1月。

そこからおかげさまで4度の増刷を繰り返し、第2版を見ることになったのが2011年12月です。その間、リーマンショックによる世界同時不況や震災という大きな出来事を経験し、ますます世は不確実性の高い時代へと突入していた時期でした。

そして、初版が生まれてから13年あまりが経ち、地道に原価計算の知識を世に問いかけてきた本書が、ここに第3版を世に出す幸運に恵まれました。

ひとえに本書を支持してくださった読者様ならびに秀和システムの関係者の皆様、本書執筆を支えてくれたスタッフの皆様の力あってのことです。

と同時に、多くのビジネスパーソンや会計学習者にとって、原価やコスト管理についての関心が根強いものであることの証左でもあるといえるでしょう。

今回の改訂版が出るにあたって、第2版以降の世の中の動きをいくつか反映させた内容にしようという工夫がなされました。

2011年からの時代背景を省みるに、次のようなさまざまなコンセプトの大きな変化が浮かび上がります。

IT（情報技術）の急激な進展、AI（人工知能）による社会環境の劇的な変化、働き方改革によるまったなしの職場改善と企業の対応は、わたしたちの仕事のあり方、経営のあり方を劇的に変えていきます。これらの変化に対応できない会社は、やがて市場からレッドカード＝退場を言い渡されるリスクが高くなります。

また、スマホの爆発的な普及、ツイッターやインスタグラムなどのSNSを使ったコミュニケーション、若者のテレビ離れとYouTube動画への移行は、まさに現代の情報化社会の本質に関わってきます。

そして、そのような社会構造の変化に伴い脚光を浴びてきた問題として、バイトテロによる企業へのダメージや、社会的な格差の拡大、出口の見えない少子化・高齢化問題、外国人移民との向き合い方、インバウンド需要とビジネスチャンス、10%への消費増税、東京オリンピックの開催など、未来に向けての危機と機会がごちゃまぜになった、まさに予断を許さない時代にますます入っていくことと思われます。

今のように、変化のスピードが早く、国際化・価値観の多様化が著しいマーケット環境下にあって、変わらず存在するのは「すべての活動にはコストがかかる」という大原則です。

AIの導入を進めるにも手間とコストがかかります。働き方改革を実行するためには、根本的な企業の業務構造を変えなければなりませんが、それはすなわち、企業のコスト体質を抜本的に見直すことにも等しいのです。

市場の変化を予測したら、それに合わせて企業の組織や戦略を変える必要がありますが、それにも原価計算に基づく収支の予測と管理が絶対的に不可欠です。

個人のレベルで見ても、自分の財布をきちんと管理できるかどうかで、格差社会の中での自身の立ち位置が変わってくることは自明です。

将来の少子化を迎えての年金問題はもちろん、これから上がることはあっても下がることは期待できない消費税率、おそらくこれは20%くらいまで上がることを政府は考えているのではないか、と筆者は予想しています。

また、かつてのような終身雇用・年功序列型賃金といった日本の伝統的な雇用形態の維持がすでに難しい状況にあって、従来の価値観に凝り固まった金銭感覚では、今後の新しい経済環境をうまく乗り越えていくことは難しいでしょう。

本書が取り扱うような原価に関する知識は、すべて私たちの生活と密接に関わっていることであり、それを金銭で評価するテクニックにほかなりません。いわばお金の知識の大原点にあるのが「コストマネジメント」なのです。

昔の人は、「入るを図って出るを制す」といいました。

いくら収入があっても、出る＝コストを上手にマネジメントできなくては、企業であれ家計であれ、長きにわたって安定的に繁栄することはできません。

ましてや、いっそう収入が不確定な時代です。「出る＝コスト」の知識が、これからいかに必要になっていくことか、想像に固くないですね。

本書を出すにあたって、現在の環境変化が企業活動や原価に及ぼす影響を意識しながら、必要な手を加えました。これからの企業や家計における豊かさを実現するための一助になれば、これほど幸せなことはありません。

2019年10月

柴山 政行

図解入門ビジネス
最新 原価計算の
基本と仕組みがよ～くわかる本 [第3版]

CONTENTS

第3章 原価計算という手続きの概要を知る

第4章 製造間接費の基礎知識

第5章 製品ごとの原価計算

第6章 標準原価計算の基礎知識

第7章 直接原価計算の基礎知識

第1章

なぜ原価を計算する必要があるのか

原価計算の具体的なやり方の説明に入る前に、そもそも原価とはなにか、なぜ原価を把握する必要があるのか、基本的な問いかけに答えることから始めてみましょう。

1-1 原価がわからなければ、モノは売れない

普段なにげなく使う「原価」ということば。なんとなく理解しているひとも多いのではないでしょうか。まずは本書の主人公「原価」について、簡単に説明します。

原価とはなにか

「原価ってなんですか？」

そのように改まって尋ねられたら、意外に答えに困ってしまいますね。

でも、そんなに難しく考えることはありません。

原価*とは、会社経営のためにかかった費用をいうんだ、とシンプルに考えていただければOKです。

「じゃあ、経営のためにかかった費用ってどんなものがあるの？」

つぎには、こんな声が聞こえてきそうですね。

たとえば、モノを売るのに、まずは材料を買ってきます。この材料などの物品にかかる費用を材料費といいます。つぎに、工場でこの材料にいろいろと加工をして、製品をつくる人がいますが、彼らにかかる費用が労務費、さらに、工場では電気代・ガス代やその他のこまごまとした費用がいっぱいかかるので、それらを経費というのです。

完成した製品を発送したり、広告宣伝したりするのにも、費用がかかります。

だから、モノのつくりはじめから売れるまでの、経営プロセスに関する費用のいっさいを原価と考えるといいでしょう。

たとえば、ある製品を売ろうとするときに、「その製品を売るまでにいくらかかるのか？」がわからなければ、正しい値段がつけられません。高すぎる値段で売れなかったり、低すぎる値段で利益が出なかったりします。

---

* 原価とは、経営活動のなかで把握された費用のことであり、製品をつくるための費用だけでなく、販売活動・管理活動の費用なども含まれる。

だから、適正な価格をつけて、お客様に多く買っていただくためにも、原価の把握は重要なのです。

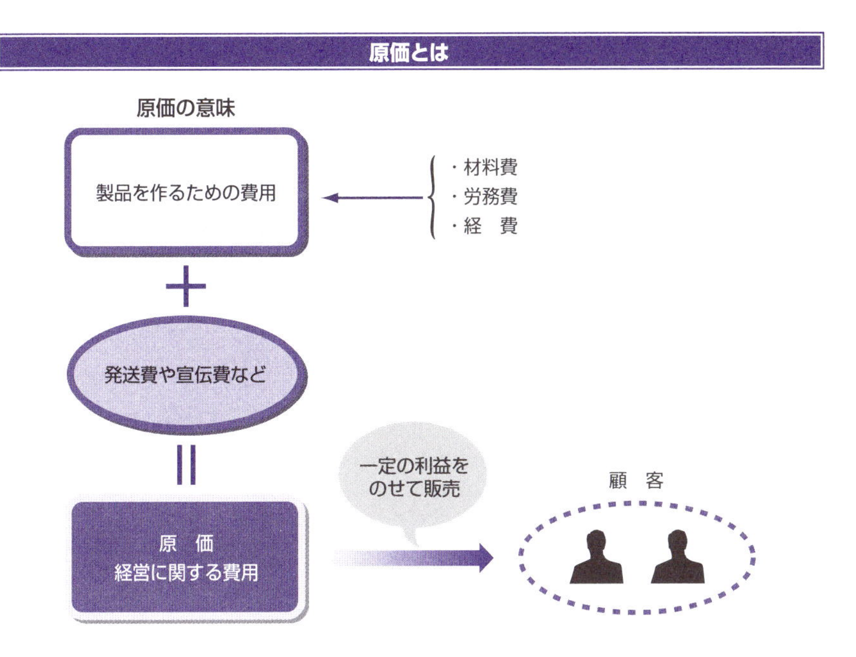

1-2 企業の利益と原価

企業が経済活動を行うためには、利益を生み出さなければなりません。経営を行うにあたって、その企業活動の原価を把握することは、企業の利益とどう関係してくるのでしょうか。

利益のアップは、まずは原価管理から

利益*は、会社（または個人企業）が一定期間に稼いだ経営の成果です。

ここでは「売上高－原価＝利益」という計算式がなりたちます。

たとえば、ハンバーガー1個を150円で売ったとしましょう。

ここで、ハンバーガーを構成するパンやお肉やレタスなどの材料費が、ハンバーガー1個当たり35円とし、それをつくる店員さんにかかる労務費が1個当たり25円、さらにその他の諸経費が1個当たり30円とします。

そのハンバーガーの1個当たりの利益は、

売上高150円－原価（35円＋25円＋30円）＝利益60円

と計算されます。ただ、できればもう少し、利益を上げたいところですね。

そこで、たとえば1個60円の利益を80円に増加させたいとします。

このときに考えられる手段としては、つぎの2つがあります。

その1「売価を150円から170円に上げる」

その2「原価を90円から70円に下げる」

どうですか？

どっちが着手しやすいかといえば、やはり外との関係である売価アップよりも、まずは内部の経営努力でできる原価（コスト）ダウンですよね。

＊ 利益とは1年や1か月などの期間で、営業活動などにより増やした財産の額。どれだけ企業価値を高めたかという指標でもある。

このように、企業の利益をコントロールする場合、まずは原価を下げることが、経営上の第一の課題となるわけです。

売価アップか？　原価ダウンか？

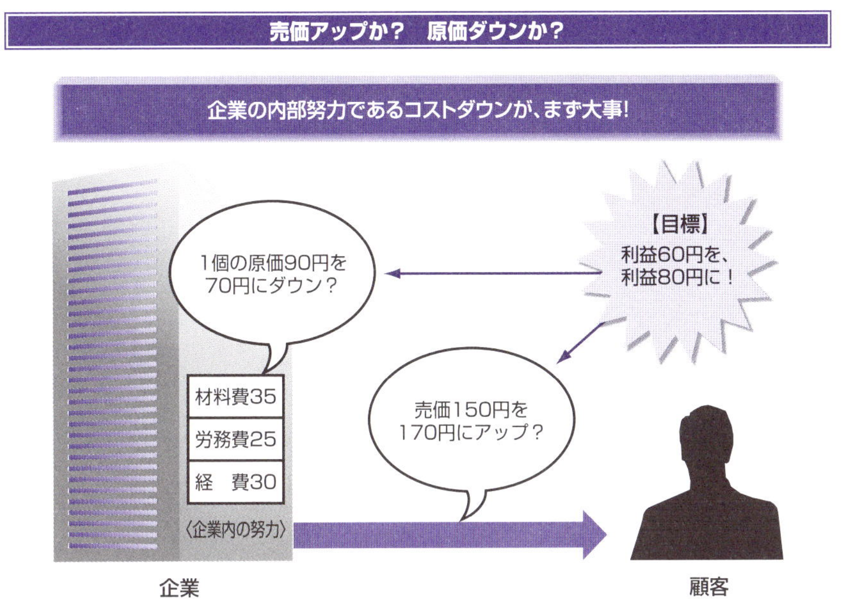

1-3 原価の不思議①
―在庫が増えると利益が上がる？

工場において、在庫が増えるとかえって利益が増えることがあります。ここでは、そんな不思議なことが起きる理由について、一緒に考えてみましょう。

ケース①　20台作って20台をぜんぶ販売した場合（在庫はゼロ）

ある工場でパソコンを組み立て、1台5万円で売り上げていたとしましょう。

従業員は2人、給料は固定給で1人当たり月に30万円なので、月の人件費は固定額で60万円になりますね。

なお、パソコン1台を作るために必要な材料代は、話を分かりやすくするため無視します。

【質問1】
20台のパソコンを製造・販売したら、工場の儲けはいくらになるでしょうか？

【答え】40万円…工場の儲け（＝利益）

売上代金は、5万円×20台＝100万円です。

パソコン1台あたりの製造原価は、人件費60万円÷20台＝3万円で、これを20台販売して引き渡したことから、売上代金に対応する製品の原価、すなわち「売上原価」は20台×3万円＝60万円になります。もちろんすべての製品を出荷していますから、工場内に在庫はありません。

以上より、売上高100万円－売上原価60万円＝40万円が利益になるとわかります。

ケース②　30台作って20台を販売した場合（在庫が10台ある）

翌月、同じ従業員が同じ月給で、パソコンを30台作ってしまったとします。

しかし、パソコンの販売台数は前月と同じ20台でした。

もちろん、売上高は20台×5万円＝100万円です。

【質問2】
30台のパソコンを製造し、20台だけ販売したら、儲けはいくらになりますか？

【答え】60万円…工場の儲け（＝利益）

ケース①②それぞれの工場の儲け

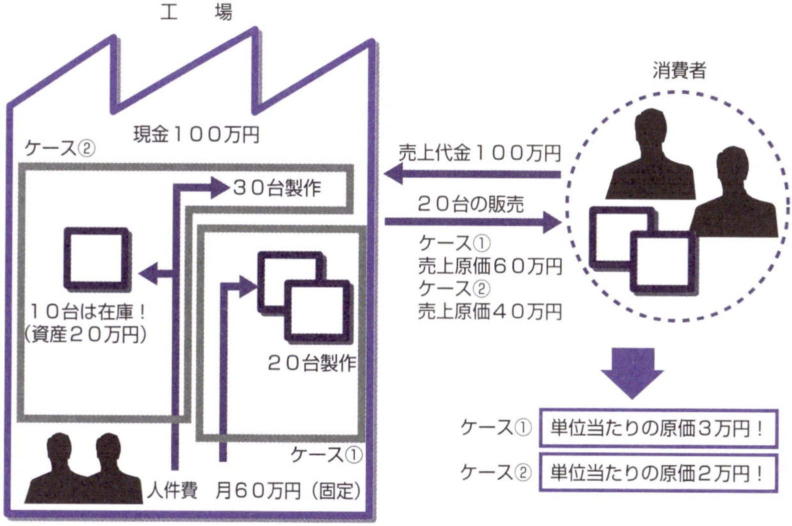

工　場
現金１００万円
ケース②
３０台製作
１０台は在庫！
（資産２０万円）
２０台製作
ケース①
人件費　月６０万円（固定）
売上代金１００万円
２０台の販売
ケース①
売上原価６０万円
ケース②
売上原価４０万円
消費者
ケース①　単位当たりの原価３万円！
ケース②　単位当たりの原価２万円！

売上代金は、5万円×20台＝100万円なので、前月と同じです。

前月と違うのは原価です。

パソコン1台あたりの製造原価は、人件費60万円÷30台＝2万円ですね。

これのうち20台販売して引き渡したことから、売上代金に対応する製品の原価、すなわち「売上原価」は20台×2万円＝40万円になります。

……とするならば、売上高100万円から売上原価40万円を差し引いて、儲け（利益）は60万円になりますね。

「あれ？同じ20台の売上なのに、なぜ利益が20万円も増えたの？」

この疑問に答えるのが、「在庫の存在」です。

30台作ることで、10台の在庫が生じました。

この10台の在庫に係った原価は、「60万円÷30台×10台＝20万円」と計算できます。

つまり、20台作っても30台作っても、人件費は固定で60万円かかるので、たくさん作ったほうが1台あたりの原価は安くなりますし（3万円から2万円に下がった！）、売れ残った10台分は、来月販売すれば換金できますので、会社の財産として帳簿に記録されるのです。

つまり、10台分は「会社の財産」と考え、費用にはならないのです（なお、簿記や会計の世界では、財産のことを「資産」と呼びます）。

だから、質問②における『30台作って20台だけ販売した場合』は、人件費全体の60万円ではなく、そのうち在庫（資産）として扱われる20万円を差し引いた40万円が売上原価になるのです。

このように、工場でかかる費用のうち、「生産量の多い少ないに関係なく一定額発生する費用＝固定費」がたくさんある場合には、その一部が売れ残った在庫の資産評価として扱われるため、在庫がない場合に比べて売上原価という費用が減るのですね。その結果、売上高が同じでも原価が少ない分だけ、在庫がある月には利益が増える、というおかしな現象がおきるわけです。

「たくさん作って売れ残る」というのは、常識で考えると将来の不良在庫につながる危険が高いことから、ほんとうはあまり好ましくないと考えるべきところです。

しかし、時として、在庫の存在により利益がかえって増えるという面白い状況になることもあるんだな、ということも知っておくと、ビジネスには在庫がつきものなので、参考になることもあると思いますよ。

1-4 原価の不思議②
—上司が現場に出ると損をする？

会社の日常業務でかかるさまざまな費用は、会計の世界では「原価」と呼びます。この原価には物品の消費額である「材料費」や、労働サービスの対価としてかかる「労務費」や、材料費・労務費のいずれにも属さない「経費」の3種類があります。

この中で、「人」にかかる原価について、少し考えてみましょう。

上司が代わりに向かうことになったが…

たとえばある日、得意先A社の人から、電話で次のような急な依頼が、担当者であるあなた宛てにあったとします。

「すみませんが、先日納品していただいた御社の製品である工作機械に不具合がありまして…。できれば今日か明日に来ていただいて、ちょっと見ていただけませんか？」

会社から得意先まで片道30分、往復で1時間かかります。また、製品の状態を確認するのに2時間はかかりそうな感じです。そこへ、あなたの話を横で聞いていた上司が言いました。

「ああ、あの会社ね。私が昔担当していたところで、あそこの課長さんとは長い付き合いなんだ。今日の午後は特に予定もないし、久しぶりにあそこの様子を見ておくのもいいだろうし、私が君のかわりに行ってきてやろうか？」
「それは助かります！　お願いしていいですか？」

あなたは、余計な手間が省けて大助かりですね。これで一件落着……と言いたいところですが、実は会社としては損をしています。

上司が得意先に出向いて会社が損をするワケ

平均的なサラリーマンの年収は、おおむね400万円から500万円です。

仮に年収500万円のサラリーマンがいたとして、年間の勤務時間を2000時間としましょう。

2000時間というのは、週休2日の会社なら年間100日強の休日があるはずですから、だいたい年間250日の勤務日数があると考え、これに1日8時間をかけると、ちょうど2000時間です。

すると、年収500万円で年間2000時間働くサラリーマンの時給は……

5,000,000円÷2,000時間＝2,500円！

なるほど、平均的なサラリーマンの時給はおおむね2500円だということがわかりました。

では、もう少し役職が上がると、どれくらいなのでしょうか。

600万円……3,000円（6,000,000円÷2,000時間）
800万円……4,000円（8,000,000円÷2,000時間）
1,000万円…5,000円（10,000,000円÷2,000時間）

こうしてみると、たとえば800万円の年収をもらっている管理職の人は、時給4000円も払っているのですから、会社としてはそれなりに貢献度の高い仕事をしてほしいと考えるのが普通です。

あなたと上司の人件費コストを比較すると

では、現場担当者のあなたが年収500万円で時給2500円、あなたの上司が年収800万円で時給4000円だったと仮定しましょう。

得意先の呼び出しに応じて出かけ、会社に帰ってくるまでに往復1時間＋現場での確認2時間＝3時間はかかる計算です。

以上より、あなたが現場に行く場合と、上司が現場に行く場合、会社が負担する人件費コストを比較してみましょう。

現場で3時間クレーム対応することによりかかる人件費コストの比較

	担当者	上司	コストの差
1時間あたりの人件費	2,500円	4,000円	1,500円
現場対応の時間数	3時間	3時間	−
この案件でかかる原価	7,500円	12,000円	4,500円

上司が行くことで、1時間当たり1500円ものロスが生じています。3時間で合計4500円が会社のコストアップになっているのですね。

クレーム対応に限らず、少しのことでいちいち上司が現場に顔を出し過ぎると、現場担当者の自主性が損なわれて成長を妨げるだけでなく、生産性の低い活動に時給の高い上司が対応することで、会社に迷惑をかけることにもなるのです。

じゃあ、この場合の上司はどうすればいいのか？

「自分の時給4000円に見合った仕事を正しく選択して遂行する」です。

上司の仕事は、自分より時給が低い部下（通常は5 ～ 10人程度は受け持つはずです）を、それ以上の収益を会社にもたらすよう指導し、チームとしての収益性を上げることが一番大事な仕事であって、みずから現場で汗を流すことではありません。

時給2500円の部下が10人いたら、彼らの行動の効率アップやモチベーションアップを図り、一人500円ずつ時間当たりの収益性アップをもたらす方が、管理者として会社に貢献できるのです。

1-5
業種ごとにみる「原価」

業種によって、原価率、コスト率は大きく変わってきます。おもな業種ごとに明らかとなっている、原価の業界標準をみてみましょう。

業種で異なる原価率と営業コスト率

売上高に占める原価の割合も、業種によっては大きく異なってきます。

そこで、本テーマでは、おおまかに「建設業総平均」「製造業総平均」「卸売業総平均」および「小売業総平均」に分け、中小企業を対象として、売上高に占める製品原価の割合（原価率）と、営業コスト（販売費や管理費）の割合をみていきましょう。

ここで挙げた指標は、おおよその目安ではありますが、よかったら参考になさってください。

業種別の平均と自社のコスト比率とを比較してみると、新しい発見があるかもしれません。

建設業総平均

原価率　約87%
営業コスト率　約10%
材料費は原価の約18%
労務費は原価の約13%
外注費は原価の約61%

製造業総平均

原価率　約76%
営業コスト率　約20%
材料費は原価の約51%

労務費は原価の約20%
外注費は原価の約13%

卸売業総平均
原価率　約85%
営業コスト率　約14%
人件費は営業コストの約55%

小売業総平均
原価率　約66%
営業コスト率　約32%
人件費は営業コストの約38%

業種別の原価構造

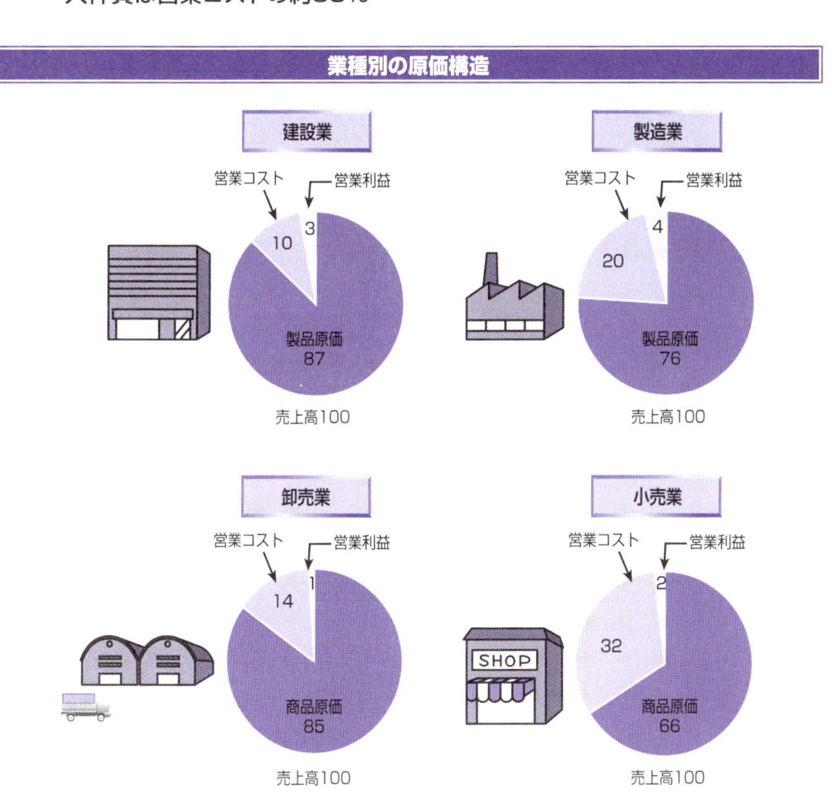

1-6
費用と原価と損失

ここでひとつ、誤解しやすい用語の確認をしておきます。「費用」「原価」「損失」はそれぞれ日常会話でもふつうに使うことばです。会計用語としては厳密な使い分けがあります。

会計用語としての「費用」「原価」「損失」

意味のよく似ている言葉に、「費用」「原価」「損失」があります。

これらは、日常用語でもあり、会計用語でもあります。

ところで、わたしたちは、日常生活では、だいたいつぎのような感じで各用語を用いています。

「今回の旅行では、予想外の**費用**がかかった。」

「あの工場でつくっている製品の**原価**は、1台当たりいくらなのだろう。」

「先週の大規模ストライキによって工場が操業停止したため、数千万円の**損失**が生じた。」

こうしてみると、日常用語としてのニュアンスは、「費用」が支出一般、「原価」は製品をつくるためにかかる費用、「損失」は予期せぬ損害といった感じですね。

会計用語としての「費用」「原価」「損失」も、おおむね差はない感じですが、その意図するところは、もう少し厳密です。

会計用語としての「費用」「原価」「損失」はそれぞれつぎのような意味があります。

(1) **費用**　利益を計算する上で、収益から差し引かれる財・サービスの消費額全般をいいます。

(2) **原価**　費用のうち、とくに売上獲得に向けて生じた製品原価および営業費用です。営業費用とは、販売費用と管理費用（本社費など）の合計です。営業費用は、発生した会計期間（年度）にすべて費用として認識されるので、期間原価とも呼ばれます。

（3）**損失**　収益から差し引かれる費用のうち、売上獲得に直接向けられたものではない部分をいいます。具体的には、支払利息、固定資産の売却損、災害による損失などです。

会社の業績（利益の獲得プロセス）の表示と「費用」

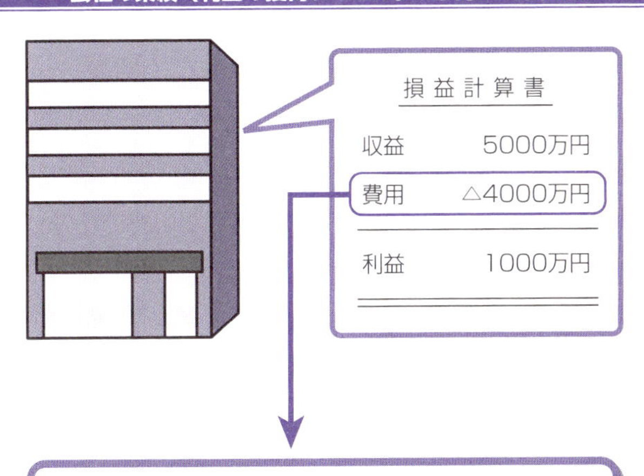

損益計算上の「費用」の内訳

①製品「原価」や期間「原価」（営業費用）
②売上獲得に直接向けられない「損失」

1-7 コスト管理・原価管理はビジネスの基本

コストあるいは原価は、企業活動で生じる支出ともいいかえることができますが、その支出を管理する、とはどういうことでしょうか。

「出るを制して入るを図る」の原則

「入るを図って出るを制する」という言葉があります。この言葉を目にすると、私は、米沢藩を立て直した上杉鷹山（ようざん）、数々の農村復興事業を成功させた二宮尊徳をいつも連想します。

現実の会社実務を考えるには、よりインパクトを強めるために、この言葉をひっくり返してみるとよいでしょう。

つまり、「出るを制して（後に）入るを図る」です。

ここで「出る」というのは、もちろん支出あるいはコストのことです。支出するのは「当社」の側であって、つまり、社内の意思で支出を増やすこともできるけど、支出を減らすこともできます。

いいかえると「社内主導の管理」です。

しかし、「入る」方は、相手があることです。つまり、「お客さん」が、当社のサービスに対して支払うことですから、収入とは相手の意思に多くを依存します。

いいかえれば、「社外主導の目算」となるのです。

相手の意思（収入）を左右するのは一朝一夕にはできませんが、社内の意思（支出）を左右するのは、今日からでもできます。

身近なところからすぐに結果が出る、というのがコスト管理を基本とする第一の趣旨です。

原価管理は経営の守備固め

つぎに、原価項目・支出項目というのは社内で把握しやすく、その判断基準や処理基準をマニュアル化（標準化）しやすい、という特徴もあります。

いってみれば、サッカーや野球などのスポーツでは「守備を固める」という活動ですね。

これに対し、売上などの収入管理は、その時々の市場におけるニーズの動向や、お客さんの属性（年齢・性別・趣味など）に応じて千変万化です。その時々の状況に応じて、臨機応変の策をじっくりと立てなければならないですね。スポーツでいえば攻撃です。攻撃は、相手との駆け引きでその裏をかくなどの機転が必要です。守りに比べて手順のマニュアル化が非常に難しいとされるゆえんです。

つまり、コスト管理・原価管理は、まず「すぐに効果が出る経営の守備固め」という意味において、第一に取り組むべき、ビジネスの基本事項なのです。

ビジネスの守備固めがコスト管理・原価管理

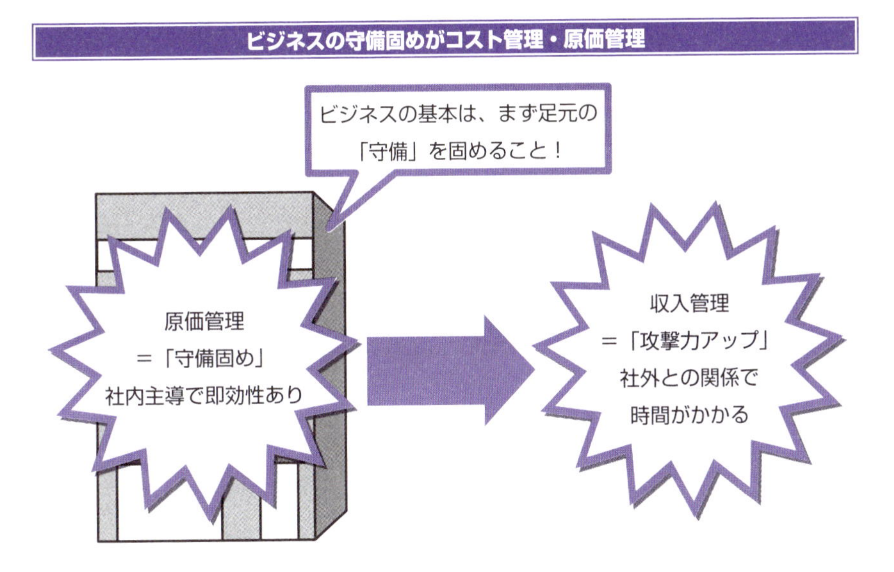

ある知人との会話　～前篇～

先日、ある知人との会話で、こんなことがありました。

彼は、以前、日商簿記1級を取得しており、会計事務所にも長く勤務していたことから、企業の伝票処理や総勘定元帳のチェック、日常の経理処理は、はっきりいって、新人の会計士補やへたな会計士・税理士よりも信頼できます。

日商1級を取得しているくらいですから、当然、連結決算、キャッシュ・フローの基礎知識はあります。また、一時社会保険労務士を目指していたこともあって、じつは人件費の計算に関する実務や労務管理の基礎知識にも長けています。

そんな彼が、関与している友人の事業経営について、相談しに来ました。

※プライバシー保護のため、現実のストーリーに若干の脚色をしています。

****

知人　「柴山さん、実は、ちょっと困っていることがあるんです。」

柴山　「なんでしょう？」

知人　「私が友人の経理を、古い付き合いで見てあげている、というのは以前話しましたよね。」

柴山　「…ええ、たしか洋風レストランを経営している友人の経理をサポートしてあげているとか…。」

知人　「そうなんです。で、彼の会社は、都内で複数のレストランを経営しているのですが、昨年、とうとう債務超過に陥ってしまいまして、年間数千万円ずつの赤字を、現在も垂れ流し続けているんです。債務超過に陥ったせいで、最近では、銀行の融資もなかなかおりず、困っているんです。」

柴山　「なるほど。店別には、どれが儲かっているとかは、わかっているんですよね。」

知人　「ええ。実は、銀座に出店している店が大赤字なのです。」

柴山　「ふーん。かなり立地にも気を使っているでしょうから、家賃は相当高いでしょうね。たとえば、この高田馬場界隈でも、ちょっとしたラーメン屋の規模で、月40万～80万円の家賃がかかりますから、銀座なら100万円や200万円以上するところもザラかもしれませんね。」

知人　「ええ。おっしゃるとおりです。」

柴山　「で、銀座店が厳しいのは、またなんでですか？」

知人　「変動費率は2割程度なので、やっぱり、月の固定費に対して売上げが足りないのかなと…。だから、販促をいろいろすべきなんでしょうか。」

柴山　「ちょっと待ってください。具体的には、どれくらいの売上げが必要なのか、損益分岐点を把握していますか？」

知人　「自分なりには…。」

柴山　「ちなみに、飲食業の場合、絶対に外せない財務比率、ご存知ですよね。」

知人　「いえ、ちょっと…。どんな比率ですか？」

****

（88ページコラム「ある知人との会話 ～中篇～」へつづく）

原価のしくみを知る

本章では原価の基本的な仕組みを解説していきます。原価の要素となるものにはさまざまな費目があります。ひとつひとつ確認していきましょう。

2-1 支出はすべてその年の原価？

常識的には「費用」といえば「支出した時」に生じるもの、と思われがちです。しかし、よく企業活動のプロセスを見ていくと、必ずしも「支出時＝費用が生じた時」とはならないケースがあります。費用の発生時期に関する考え方を理解しましょう。

原価の内訳

原価は、「その年」の「営業活動」のために犠牲となった貨幣価値であり、大きく「**製品原価**」と「**期間原価（営業費用）**」の2つに分けられます。

また、営業活動への貢献関係なく失費したものを「**損失**」といい、原価と損失を合わせて損益計算上の「**費用**」というんだ、というところまでは第1章で学習済みですね。

ところで、費用には当然「支出」がともないます。

したがいまして、基本的には支出額が費用計上のベースになることは間違いないです。

売れ残った製品の製造原価のゆくえ

では、ここで一つ質問してみましょう。

「当期（当事業年度）の支出は、すべて当期の営業活動に貢献する原価である」という命題があったとして、あなたはこれに賛成できるでしょうか？（当期の支出＝すべて当期の原価）

ここから先はとても大事なので強調しますが、「原価」というのは「その年の売上収入に貢献し、対応関係が認められる支出額」のことです。

別の見方をしますと、会社の事業年度というのは、設立時から今年まで、一昨年、昨年と、毎年1年単位で業績を積み重ねていきます。つまり、おととしに帰属した原価もあれば、去年の売上に対応して帰属させられた原価もあり、今年の売上に対応する原価もあれば、来年の売上に対応させて繰延べるべき原価も出てくるわけです。

このような抽象的な話を考えるときには、極端な事例を想定してみるとわかりやすいです。

たとえば今年、100台の製品を生産し、材料費その他の製造コスト（原価）が500万円かかったとしましょう。ここで、製造原価500万円÷100台＝1台当たりの製品原価5万円となります。この1台5万円の製品を売るときは、おそらく5万円よりも高い売価を設定しますよね。2万円の利益（粗利）が欲しければ7万円で売るとか、ですね。

話を原価に戻しますと、当期に500万円を支出して製造した製品100台は、当期はまったく売れず、翌期にすべて売上げたとしたらどうですか？

「製品原価500万円は当期の支出だけど、売上に貢献（対応）できるのは翌期」だから、じつは、このように期末に在庫となった場合は、来年の原価とするべく、1年繰り越されるのです。

結論です。

「当期の支出のうち、当期の売上高に対応するものだけが、当期の原価となる。」

これを**費用収益対応の原則***といいます。

費用収益対応の原則

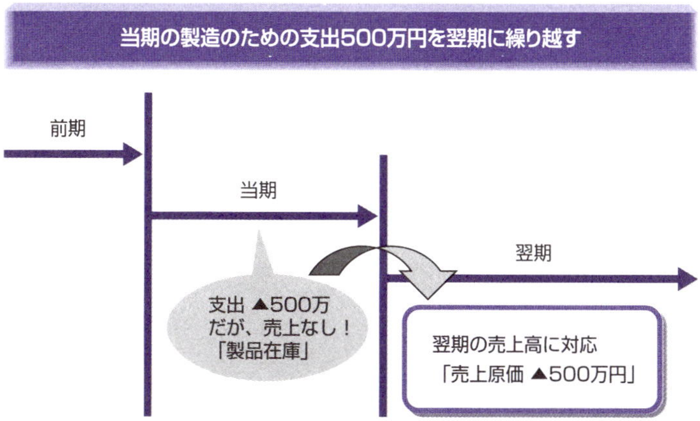

＊　費用はそれと対応する売上高と同じ事業年度に計上すべき、とする利益計算の原則。

2-2 翌期に繰り越す原価（支出）のB／S表示

ここで財務諸表についての簡単な基礎知識を身につけていただこうと思います。最も基本的な財務諸表として、貸借対照表、損益計算書の2つを解説いたします。

B／SとP／L

すべての業種・規模の会社が作成しなければならない、最も基本的な財務諸表につぎの2つがあります。

（1）貸借対照表Balance Sheet（略してB／S（ビーエス））
（2）損益計算書Profit and Loss statement（略してP／L（ピーエル））

貸借対照表は、よくカタカナで「**バランスシート**」と呼ばれます。

「貸借対照表（たいしゃくたいしょうひょう）」という呼び名だと、「たいしゃくってなにさ？」という見慣れぬ用語に対する拒否反応が出やすいです。

だから、とくに簿記の知識をもたない方には、「表の左右を対照的にバランスさせた＝バランスシート」のような理解をしてもらったほうがよいと思います。

バランスシートは、表の左側を「企業内で持っている財産（資産）を縦一列に一覧したもの」として表示します。

一方、表の右側を「企業内の資産をどうやって調達したか＝借入れか、出資（元本）か、利益（営業の成果）か？」という財産の調達源泉として表示します。

たとえば、前節（2-1）の例を少し肉付けして考えてみますと、「500万円の出資を株主から受けて、その資金をすべて製品の製造に回し、それが当期末に製品在庫として倉庫に残った」という状況を考えてみましょう。

図を見ていただきますと、バランスシート②の左側の「製品500万円」と、右側の「資本金*500万円」が、左右同額でバランスしていますね。そして、その下の収益（収入）と費用をあわらす損益計算書は「当期の売上および費用＝まっ

＊ 資本金とは株主（個人企業ならば店主）から事業のために出資された額。元本。この資本金の額は「最低でも社内に維持しましょう」というその会社の信用の尺度になるので、利益と異なり、配当の対象にはならない。

たくなし」のため、なにも記入されていない状態です。

このように、製造業（メーカー）において、当期に支出したけれど、未販売で翌期の費用となるべき**完成品在庫**は、当期末のバランスシート上は、「製品」で表示されます。つまり、**資産の一つとして認識される**のです。

ステップ1　出資を受けたとき

バランスシート①

ステップ2　製品在庫が残ったとき

バランスシート②

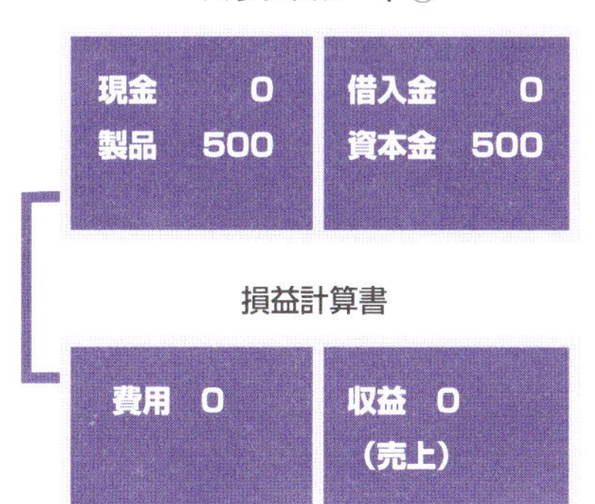

2-3 前期末の製品を当期に販売したら？

さて、さらに前節の続きを見てみましょう。これによって、2期間という大きな視点から決算書のイメージがつかめて、今後のレベルアップに大いにつながると確信しています。

2期間で粗利益を獲得するプロセス

では、まずは前期末のステップ2の状態を確認しますと、つぎのようになります。

バランスシートの右側資本金500万円
バランスシートの左側製品500万円

この状況で、当期のステップ3になったとしましょう。当期は、前期末から繰り越してきた製品原価500万円をすべて得意先に販売しました。原価500万円に40%の利益を乗せたとすると、500万円＋500万円×40%＝700万円が売上高になりますね。

つまり、当期の営業活動で得た粗利は、700万円－500万円＝200万円です。

結論としては、1期目に500万円かけて製造した製品を、2期目で700万円で売上げたことにより、2期間を通じて200万円の粗利益を獲得したということができますね。

バランスシートと損益計算書でみる

2期目のバランスシート③と損益計算書を表したのが右図（ステップ3）です。

バランスシートの右側資本金500万円
バランスシートの左側現金700万円
損益計算書の右側売上高700万円
損益計算書の左側売上原価500万円

バランスシートは、企業内の財産の状況をあらわし、損益計算書は、利益を獲得するプロセスをあらわすのです。

図では、前期から繰り越した製品という資産が、当期の販売（引渡し）により、当期のコスト（費用）となった、ということを理解していただければ十分です。

ちなみに、粗利益（粗利・荒利）とは、製品の売上高から売上原価（製造原価・仕入原価）を差し引いた利益のことです。損益計算書では「**売上総利益**」という名称で表示されます。会社を維持するための必要経費は、すべてこの粗利から支払われますので、この粗利を十分に得られるような経営を意識することが大事です。

財務諸表上の表示

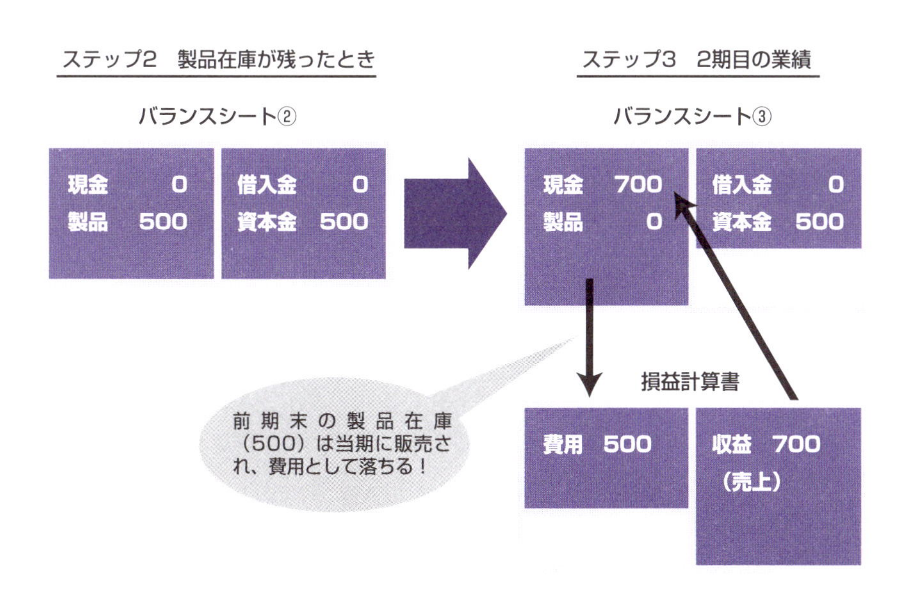

2-4 原価の3要素①—材料費

原価の3要素という言葉があります。この原価の3要素というのは、材料費、労務費、経費の3つの費目を意味します。本節では、原価の3要素のうち、材料費について解説いたします。

材料費の分類

材料費とは、製品製造にむけられた物品の消費額のことです。では、ここで材料費の具体例をいくつか挙げてみましょう。

製品の主要な部分を構成する材料としては、つぎのものがあります。これらは**直接材料費**とよばれます。

(1) 素材費

自動車の鋼材、家具の板材、お菓子の小麦粉など、原材料となる物品の消費額です。

(2) 買入部品費

自動車のタイヤ、家具の金具など、外部から購入して製品に取り付ける部品の消費額です。

製品の主要な部分を構成しないか、あるいは金額的に小額な材料・物品は、**間接材料費**とよばれ、以下のようなものが挙げられます。

(1) 補助材料費

補修用の鋼材、接着剤、溶接棒、燃料など、間接材料費の中では受払管理すべき程度に重要度のあるものです。

(2) 工場消耗品費

電球、グリス、機械油、作業費など、製品を製造する過程で消費される物品で、受払管理するほどの重要度がないものです。

(3) 消耗工具器具備品費

ドライバー、スパナ、机、いすなどの工具・器具・備品類で、金額が小さいか、耐用年数（使用に耐えうると見込まれる年数）が1年未満のものです。

参考までに、消耗工具器具備品費で金額が大きく、耐用年数が1年を超えるものは**固定資産***といって、バランスシートの資産として、また違った会計処理が要求されます。固定資産の例としては、何十万円もするような高額の机、ロッカー、パソコン、電気機器などがあります。金額が小さければ、これらも消耗工具器具備品費として費用になります。費用になれば利益が減るので、節税になります。

材料費の分類

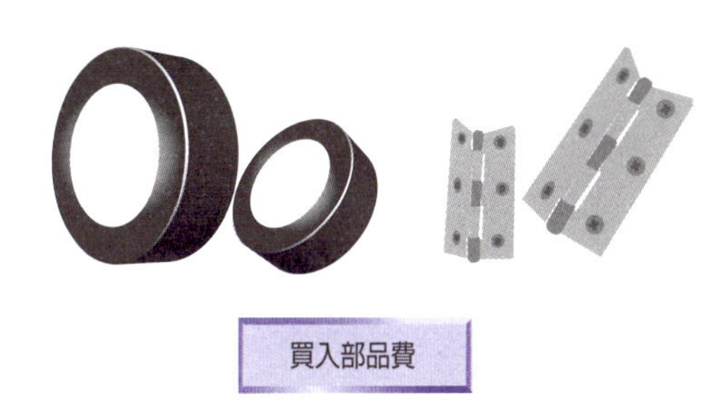

買入部品費

補助材料費

工場消耗品

消耗品工具器具備品費

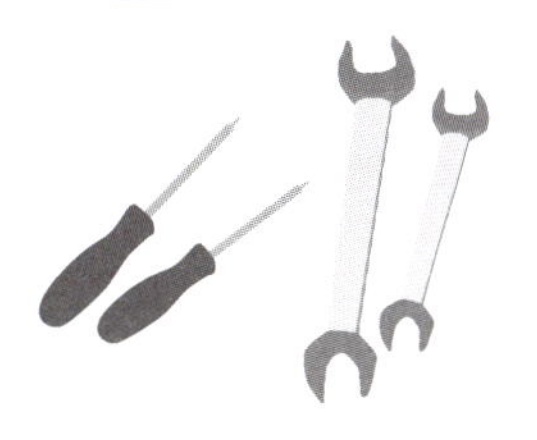

* バランスシートの左側に書かれる資産項目の一つで、長期間（1年超）にわたって使用される資産のこと。建物、土地、機械、備品、車両など。

2-5 原価の3要素②—労務費

原価の3要素のうちの2番目は「労務費」です。労務費にもまた具体的な分類がいろいろとあります。

労務費の形態別分類

労務費は、工場で働く人にかかる費用で、いいかえれば「従業員の労働サービスの消費額」です。

では、原価の2番目の要素であるこの労務費について、具体的な内容を知っておきましょう。

(1) 賃金

工場の現場で働く作業員に支払われる報酬です。基本給と、作業に直接関連する割増手当（残業手当・休日手当・危険作業手当など）から構成されます。作業員には、製品の加工を行う「直接工」とそれ以外の「間接工」の2種類がいます。直接工が製品を製造するために要した段取時間や製品加工時間にかかる賃金は「直接労務費」と呼ばれ、各製品の原価として集計されます。

(2) 給料

工場で働く事務職の人に支払われる報酬です。

(3) 雑給

工場で働く人でも、アルバイトや臨時工などに支払われる報酬のことです。

(4) 賞与手当

賞与、および割増手当以外の手当（家族手当・住宅手当・通勤手当など）をいいます。

(5) 退職金

従業員に支払う退職金です。将来の支給額を未払いで見込み計上することもあります。

(6) 法定福利費

健康保険料、労災保険、雇用保険、厚生年金などで、会社が負担する費用のことです。

※働き方改革が労務費に与える影響

2019年4月より、働き方改革関連法案の一部が実施され、さいきんでは大企業だけでなく中小企業でも働き方の見直しが重要な経営課題となっています。

その背景には、将来にわたる深刻な労働力不足があり、期待される改善案の一つとして長時間労働の是正などによる労働生産性の向上が挙げられます。労働生産性が上がると、同じ成果(売上)をより短い作業時間で達成できるようになります。これは、一時間当たりの労働の価値が上がることに繋がるので、基本給や割増賃金の時間当たり単価は上がりますが、作業時間が減るといった影響をもたらします。より少ない労働時間ですむため、健康の維持やモチベーションのアップにつながり、職場でのミスや不効率が是正され、無駄な支出や損失が減ることから、労務費の時間当たり単価は上がっても、作業時間数の効率化でトータルで企業のコストダウンにつながる一方、従業員の待遇も単価アップで向上する、という相乗効果が期待できそうですね。

労務費の形態別分類

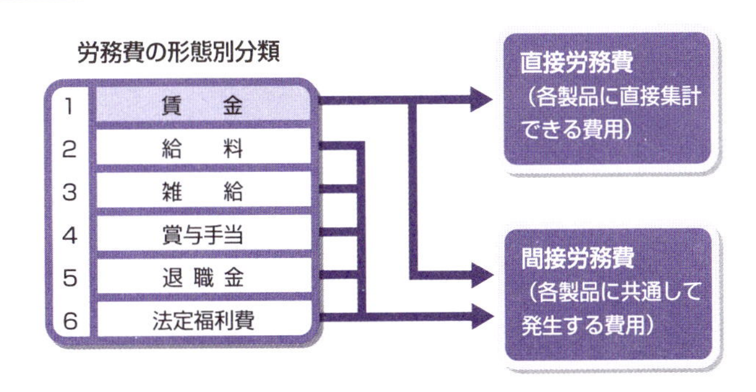

2-6 原価の3要素③ ―経費

原価の3要素のラストは「経費」です。じつは材料費・労務費以外の原価はすべて「経費」となるため、種種雑多なものがここに入ってきます。

経費とは

経費とは、材料費・労務費以外の**製造原価**のことです。

材料の消費額や労働力の消費額以外は、すべて経費となりますので、その内容はさまざまですし、経費の分類に属する費用の数も3要素のなかではもっとも多いです。

では、原価計算の基礎知識として、あるいはビジネスにおける常識的な知識として知っておきたい経費の内容や分類について、一緒にみていきましょう。

経費の形態別分類

(1) 支払経費

請求書や領収書などの要支払額をもって、その月の経費額として認識する費用です。当月に消費行為があれば、未払いでも認識しますので、注意しましょう。

例：外注加工費、通信費、交際費、交通費、消耗品費など

(2) 測定経費

メーターの測定値をチェックして、当月の消費量を計測し、経費の額を認識するタイプの費用です。

例：水道料、電気料、ガス代など

(3) 月割経費

1年や半年など、一定の長期間単位で発生する経費につき、当月の経費額を12か月（1年）や6か月（半年）で割って計算するタイプの費用です。

例：減価償却費、不動産賃借料など

(4) 発生経費

その月に発生し把握された額をもって、経費の額とするタイプの費用です。

例：材料棚卸減耗費

なお、これらの形態別分類のほか、特定の製品のためにかかった費用を直接把握できる経費（**直接経費**）として、**外注加工費**が挙げられます。つまり、ある製品の加工の一部を外注先に依頼するわけですから、通常は、どの製品にいくらかかっているかを直接把握することは可能ですね。

外注加工費以外の経費、たとえば通信費、水道料、減価償却費および材料の棚卸減耗損（倉庫内で盗難や紛失等の理由により材料の一部が減ってしまった額）などは、各製品に共通して発生する費用（**間接経費**）として別途処理されます。

経費の形態別分類

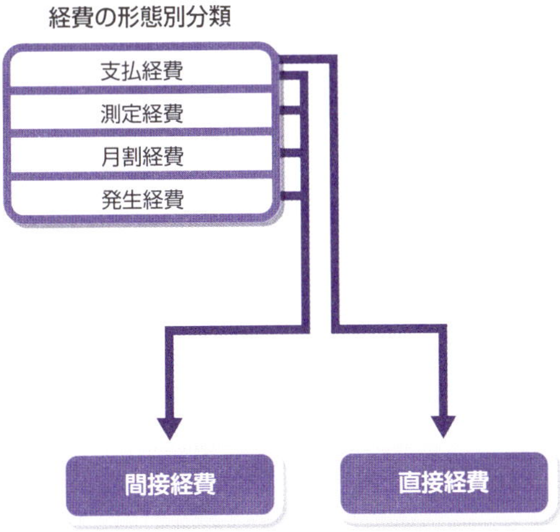

2-7 外注加工費について

前節で解説した経費のなかでも、もっとも重要な費目が「外注加工費」です。外注加工費の支払い方法には2種類あり、無償支給と有償支給に分けられます。それぞれにメリット、デメリットがあります。

経費のなかでも、製造業において非常に重要な費目となるのが、**外注加工費**です。

外注費とも呼ばれますが、自社内ですべての工程をまかなうのではなく、工程の一部を他社に依頼して加工してもらい、加工賃を支払う形態です。

じつはこの外注費、なにも製造業だけに限った話ではありません。

たとえば私が経営している会計事務所でも、ときには顧問先から請け負う会計業務の一部を、事務所外の専門技術・専門知識を持つ人に委託し、成果物を受け取って報酬を支払うことがあります。

また、会計関連の書籍を執筆するさいにも、資料の一部の作成をお願いしたりとか、設例の計算チェックを依頼し、委託料を支払ったりする、ということもあります。

これだって、立派な外注費ですね。

外注加工の無償支給

ところで、自社以外の者に外注に出す際には、通常、原材料や部品を外注先に対して支給し、それに加工をしてもらうことになります。つまり、加工に先立って、「必要な材料を相手に引き渡す」という段階があるわけです。

このとき、支給した材料を「無償」で預け、加工のうえ部品や中間製品*にして返してもらい、加工賃だけを支払う形態を「材料の無償支給による外注」といいます。

この**無償支給**のよいところは、出庫伝票1枚で簡単な手続きにより外注を行うことができる、という点です。ただし、外注先に預け中の材料は自社の資産なので、外部にある材料の管理をしなければならない、ということと、もう一つ、外注先の

＊　最終製品に至るまでの製造途中でつくられる製品をさす。

技術力の問題で失敗（**仕損**（しそんじ）といいます）が多く出た場合には、自社の損失になる、という欠点があります。

外注加工の有償支給

この無償支給に対して、材料を外注先に買い取ってもらい、後で完成した部品または中間製品をふたたび買い取るという「**有償支給**」があります。

この有償支給は、支給材料の資金決済を伴いますが、支給中の材料は自社内の資産ではないので、在庫管理が必要なくなります。

また、有償支給では、一時的にでも外注先が材料を買い取るわけですから、外注先に仕損のリスク負担が生じ、より真剣に効率を考えて仕事をしてくれる、という期待が持てます。

外注加工費が生じる場面には、材料の無償支給による外注と、有償支給による外注の2種類がある、ということを理解しておきましょう。

外注加工の2つの形態

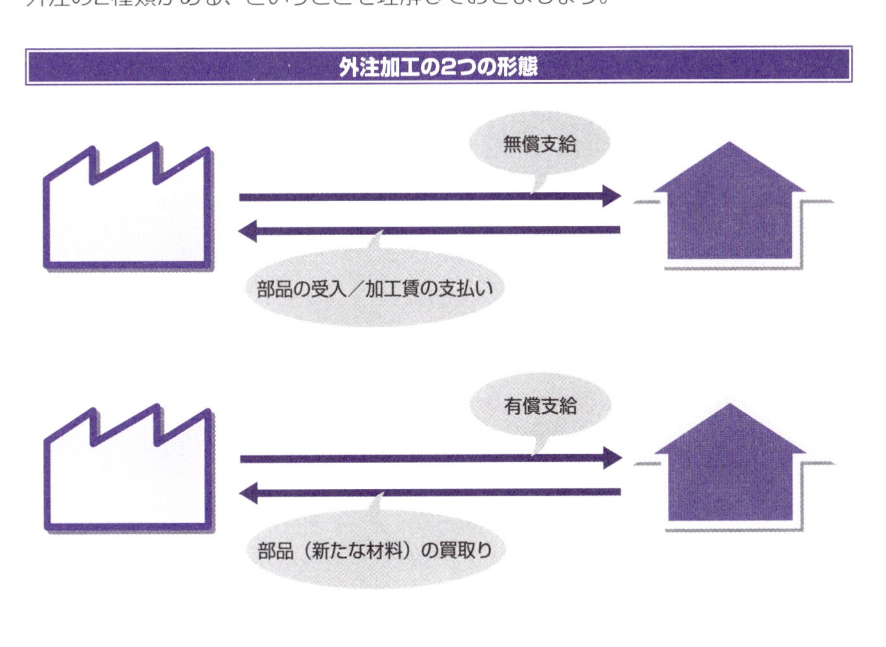

2-8 会社の機能と原価の関係

ここまで原価の基本的な3要素をみてきました。では、こうした原価の把握、コスト管理は、実際の企業活動の機能とどのように関係してくるのでしょうか？

企業活動の3つの機能

原価とは、いうなれば経営目的のために消費した価値です。

たとえば、製品の製造活動にむけられた費用が「**製品原価**」です。その中身には、大きく「**材料費**」「**労務費**」「**経費**」の3つがある、というところまではお分かりいただけたことでしょう。

よくよく考えてみると、これらの費用は、基本的に工場でかかる費用そのものですね。

このような工場の例でもわかるように、ある費用が発生したときに、その発生場所に意識をむける、というのは原価計算を考えるうえで非常に有効です。

ところで、あなたは、会社の機能にはどのようなものがあると思いますか？

「ええと、企業活動は、最近の国際化･複雑化にともなって多種多様でありまして、企業内の組織といえば、それはもうさまざまな機能が……」

あらあら、話が大げさになってしまいましたね。

というか、ちょっと難しく考えすぎです。

もっと肩の力を抜いて、大きく物事を見てみましょう。

簡単にいいます。

たとえば、近所のレストランを考えてみると分かるように、「厨房で料理をつくる人」「その料理を運び、接客する人」「彼らを管理する人」の3つの役割分担が、企業活動では基本となります。

企業のもっとも基本的な3つの機能と費用の名称
(1) 製造機能（製造原価）
(2) 販売機能（販売費）
(3) 管理機能（一般管理費）

いかがですか？

あらゆる企業は「全体を見渡す管理者の下」で、「物をつくって」「つくった物を売って」、利益を得ているのです。意外に見落としがちでありながら、すごく大事なことです。「管理する人」と「つくる人」と「売る人」が相互に協力し合って初めて企業は健全に成長していきます。

管理機能は、一般に、「本社」「総務」「役員室」「管理部」などの名称で呼ばれます。**製造機能**は、「○○工場」「○○製造部」などです。**販売機能**は、「営業所」「支社」「営業部」「支店」「事業部」といった呼ばれ方が多いです。

営業費用は、これら3機能のうち「管理」と「販売」の活動で発生する原価なのです。

企業の総原価は、とくにコスト管理の観点からは、この三者の費用のバランスに注意して把握する必要もあるのですね。

会社の3機能と原価

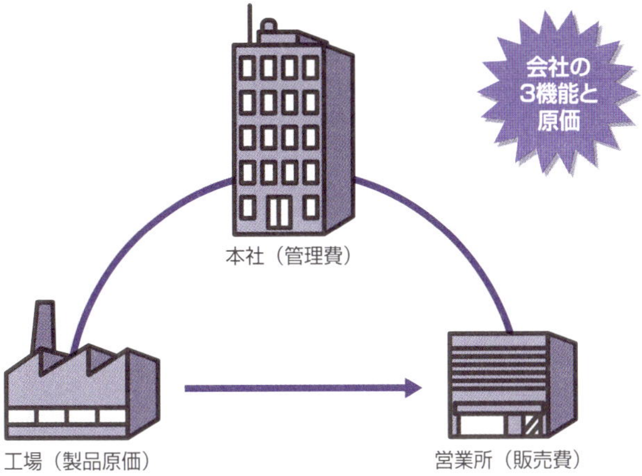

2-9 営業費用の分類と管理の方法

原価の基本的な3要素につづいて「営業費」の中身をみていきましょう。営業費（販売費および一般管理費）は、企業の製造部門以外の営業所や本社とよばれる部署の原価で、大半のビジネスマンには馴染みの深い経費がこれです。

販売費の営業活動上の分類

営業費用、すなわち**販売費および一般管理費***は、企業の製造部門を除く販売・管理活動のためにかかるコストです。

もちろん製造原価のように直接費・間接費といった分類の仕方もありますが、それとは別に、営業活動の特徴から導かれる独特の分類方法も加味してみていくと、またおもしろいです。

ここでは、**販売費**を取り上げて考えていきます。

簡単にいうと、販売活動は「受注前」と「受注後」がある、ということです。

なんか、どこかのダイエット方法や健康法などの使用前、使用後みたいですね。

そんな感じで、お気楽に考えてみてください。

だいたいにおいて、営業活動というのは、「新規開拓・リピート受注を受けるまでの宣伝・販促活動」と、「注文を受けたあとの製品手配・在庫・配送・代金回収」といった2段階の活動に大きく分けることができます。

そこで、注文を受けるまでにかかる費用を「**注文獲得費**」、受けた注文を履行するための費用を「**注文履行費**」と呼び、それぞれの性質に応じた管理方法をとる、という考えが必要になってきます。

注文獲得費と注文履行費

（1）注文獲得費

例としては、広告宣伝費、販促費、小冊子、無料レポート、パンフレット制作費、交際費など、顧客獲得までに要する費用です。

* 販売費および一般管理費とは非製造部門、おもに事務管理部門にかかる費用のこと。一般に略して「ハンカンヒ」と呼ばれる。

(2) 注文履行費

例としては、倉庫費(保管、荷役など)、運送費、代金回収費用など、受注後に、引渡しや代金回収などを完結させるための費用です。

注文獲得費は、事前に「当期の予算額はいくらくらいにしましょう」みたいに、予算・実績管理のかたちが経営上望ましいでしょう。

つぎの**注文履行費**は、受注後の機械的かつ反復的・標準的作業なので、受注1件当たりの標準コスト(目標となる原価)を事前に設定し、受注量に対する標準コストと実績を比較して、履行活動の各プロセスで、こまめに目標と実績の差を管理・検討することが有効です。

このような作業量に対する目標額と実績の比較管理方法を、**標準原価計算制度**といいます。

この「標準原価計算」という制度については、後の章で、製造原価を例に挙げて詳しく説明いたします。

営業費用の分類

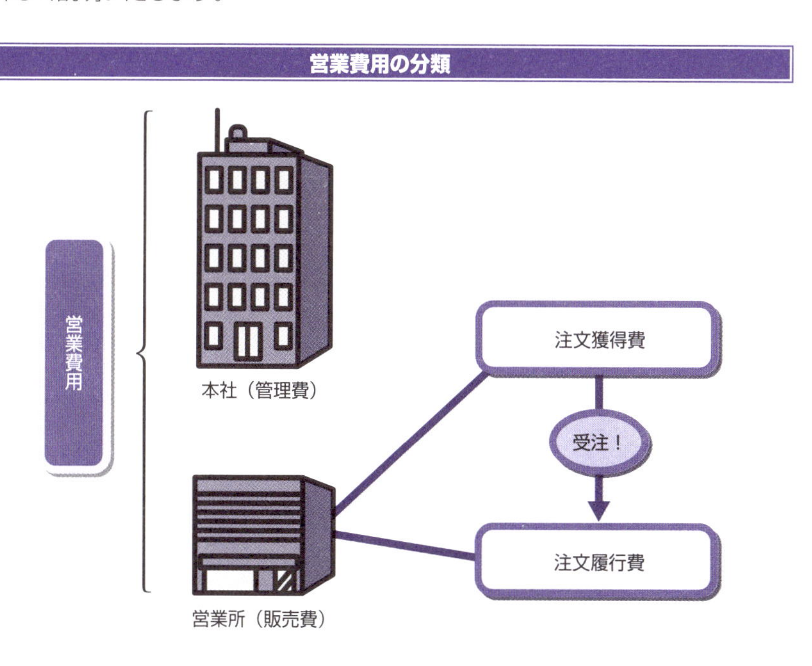

2-10 「売上高」と「売上総利益(粗利益)」と「営業利益」

製品の販売額（売上高）から、その製造コスト（売上原価）を引いた利益を売上総利益（粗利益）といいます。粗利益が高いほど、製品が高く売れているので、製品の実力を測る指標となります。ここからさらに本業の儲けである営業利益までを計算するプロセスを学んでいきましょう。

粗利益は、製品の市場における競争力をあらわす

ビジネスの現場では、よく「粗利益が高い」とか「粗利益が低くて採算が合わない」などの表現が使われることがあります。ここでいう粗利益とは、正確には「売上総利益」と呼ばれるもので、売上高から、その製品の原価を引いた差額として求められます。

簡単な計算例を考えてみましょう。

A工場は、本日、製品100個を売価5万円で得意先向けに出荷しました。売上高は100個×5万円＝500万円ですね。その製品の製造にかかった費用は、1個当たり3万円（材料費15,000円＋労務費10,000円＋経費5,000円）だったとしましょう。売上原価は100個×3万円＝300万円です。

この結果、売上高500万円－売上原価300万円＝売上総利益200万円となりますね。

売上高に対する粗利益率（売上高総利益率）は200万円÷500万円＝40%です。

粗利率は、製品の強さ＝市場における競争力を表します。

たとえば、A工場のライバル企業であるB社が同種の製品を製造販売しており、1個当たりの製造コスト（売上原価）はA工場と同じく3万円であるのに対し、売価は4万円でA工場より低いとします。この場合、B社の同種製品の粗利率は1万円÷4万円＝25%となり、A工場の40%を大きく下回りますね。同じコストの製

品を、値引きしなければ売れないならば、お客様にとってその製品には魅力が乏しいといえます。したがって、粗利率が高いほうが、競争力が高い製品といえるわけなのです。

「売上総利益」－「販売費・一般管理費」＝営業利益（本業の儲け）

製品の販売そのものから得られる利益が売上総利益（粗利）であり、製品の競争力をあらわすことはわかりました。つぎに、この売上総利益から販売活動にかかった費用（販売費）と管理活動にかかった費用（一般管理費）を差し引くと、本業で得られた利益すなわち「営業利益」が求められます。

さきほどのA工場の業績は売上高500万円・売上原価300万円・売上総利益200万円でした。

さらに、営業活動でかかった販売費が100万円、管理部門における一般管理費が60万円だったとします。これらの費用を売上総利益から控除すると、本業の儲けである営業利益が求められます。

売上総利益200万円－販売費60万円－一般管理費100万円＝営業利益40万円

売上高500万円に対して営業利益40万円なので、売上高に対する営業利益の比率は8%となります。

一般的には、売上高に対して5%～ 10%ていどの営業利益が標準的な目安と言えます。

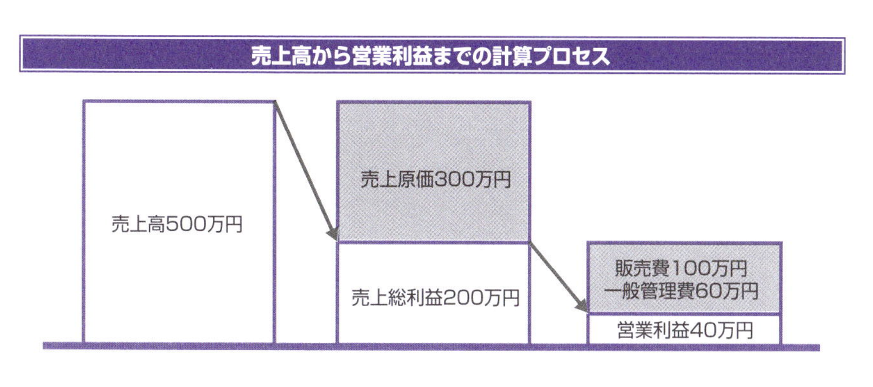

AI(人工知能)の普及は、原価計算や会計実務を変えるか？

人工知能という言葉を、新聞やニュースなどいろいろなところで見聞きするようになってきました。

AI（Artificial Intelligence）とも呼ばれ、人間が持つ知性や知能を人工的に実現する技術です。

21世紀になって、AIの技術が急速に変化し、活用の幅がこれからどんどん増えていきそうな予感がします。そのいっぽうで、私たち一人ひとりのあいだで、AIに対しての理解が進んでいるかというと、まだまだ個人差がありそうですね。

今後、私たちの生活のさまざまな場面でAIを活用し、さらに便利な世の中へと発展していくように思われますが、ここでは、AIの普及と原価計算および会計実務への影響について一緒に考えてみましょう。

工場などの生産現場では、以前より産業用ロボットが使われてきています。

これまでの産業用ロボットのイメージは、専門のエンジニアがいて数日から数週間もかけてロボットの制御の仕方やルールを詳細に設定し、日々調整を繰り返していた、というものです。つまり、ロボットの動作を調整・改善していくのは人の手によるものだったのです。

機械自らが研究を重ねて自らの動作を改善していくことはできませんでした。

しかし、AI技術の急速な発展は、私たちのそんな古いイメージを大きく刷新することになります。

たとえば、産業用ロボット大手のファナックと日本のAIベンチャーのプリファードネットワークスの取り組みがあります。その主なものは、産業用ロボットの抱える2つの課題、すなわちロボットの故障の予見とロボットの制御だそうです。

「…たとえば、このロボットは試行錯誤を繰り返しながら、ばら積みされたものを正確に積み上げる能力を自ら学習して獲得します。従来、ロボットを制御するためには腕の位置の座標を人間が入力したり、熟練者がロボットの腕を動かすなどの微妙な調整をしたりすることで、その動作をルールとして記録していました。

こうした従来手法と比較し、『AI搭載ロボット』では、人手による作業負担が劇的に小さくなっています。」
（引用：「AI（人工知能）まるわかり」古明地正俊・長谷佳明著（日経文庫）p74，75）

ここで、AI普及が原価計算または会計実務に与える影響を少し考えてみましょう。
まずは原価計算への影響です。
たとえば、新人の作業員が中堅レベルを経て熟練工になるまでに相当の年月を要します。おそらく10年以上かかるケースもあるでしょう。4人の現場作業員がいて、熟練工が2人、中堅や新人が2人のような構成のケースならば、それまでは、製品1つを作るにしてもそのチームで10時間かかっており、そのうち7時間が中堅と新人でかかっているとするならば、熟練が3時間でこなせているわけですから差し引きで4時間のロスとなっています。このロスは当然のことながら労務費とそれに伴う電気代その他の諸経費を余分に発生させます。
もしも中堅と新人が熟練になり、4時間のロスを埋められるようになるまで待つとしたら、何年もかかります。しかし、AIは自ら学習するような特殊なプログラミングが可能となるため（深層強化学習）、あたかも「熟練工が日々の作業の中で改善個所を見つけて生産性を自動的に向上させるようなこと」ができるようになる、そういった未来が見えてきているのです。
そうなると、AIを導入することで、現場作業の熟練レベルへの到達が瞬時に可能になり、一定量の製品生産にかかる時間が劇的に改善されるかもしれません。それは、労務費や経費などの劇的な減少と費用の構成比率の変化をもたらすことでしょう。また、材料のロスが大きく減るかもしれませんね。
いずれにせよ、AIの生産現場への浸透により、原価の構造が大幅に変わる可能性があります。

つぎに、会計実務に与える影響です。
日常の会計取引の大部分は、類似の記帳パターンの繰り返しから成り立っています。
この点、AIは人の手を借りずに自ら学習することができるので、いずれ企業が行った過去の膨大な取引数を短時間で自動学習し、自然とコンピューター内部の判断でどんどん処理が瞬時にできるようになることでしょう。
　そうなると、決算業務のプロセスが大幅に短縮されるほか、人手を介することによる人為的なミスがなくなることが予想されます。
　確定申告などの税務にも、大幅な効率化と人為ミスの防止が期待されます。
　会計コストの削減が進み、浮いた資金や人材をマーケティングや研究開発など、より企業の収益に直接関連する活動に振り分けられるようになるかもしれませんね。

第3章

原価計算という手続きの概要を知る

本章では、原価計算の手続の概要、原価計算の目的、原価計算のなりたち、原価計算の枠組みなど、原価計算の各論を理解する前提としてのフレームワークについて、解説していきます。細かい点は気にせずに、大づかみに読み進めていってください。

3-1

原価計算は、なぜ必要なのか？

原価計算は、「利益の計算」と「製品在庫の計算」を正しく行うために欠かせない重要な手続です。なぜ、正しい利益を計算するために原価計算が必要なのか、簡単な計算例をもとに、いっしょに考えていきましょう。

原価計算＝「利益の計算」と「製品在庫の計算」

原価計算は、各製品に製造原価を正しく集計し、さらに営業費用を正しく計算するための手続き全般をさす総称です。

ここで、突然ですがクエスチョンです。

問題：たとえば、ある会社で1年間の支出額の合計が5000万円だったとしましょう。そして、1年間の売上高による収入が5000万円だったとします。さて、この会社、儲かっていますか？　損していますか？（制限時間1分）

カチカチカチ……はい、1分経ちました（笑）。

いかがですか？　利益ゼロと考えませんでした？

こたえは……「これだけじゃわからん！」です。

「…は？」「それって答え？」

そんな冷ややかな声が聞こえてきそうです。

では、ここで、追加の資料をお出ししましょう。

追加資料：

（1）今年の製品生産量は、合計で500台だった。

（2）そのうち400台販売して100台が在庫になった。

(3) 今年の総原価の内訳は、製造原価4000万円、営業費用1000万円だった。

少なくとも、これだけの資料がそろっていなければ、いくら儲かったかの判断ができません。

ではまず、今年の製品1台当たりの製造原価を求めましょう。

製品1台当たりの製造原価＝4000万円÷500台＝8万円

つぎに、当期の販売台数が400台なので、400台×8万円＝3200万円と、売上原価（売上げた製品400台に対する製造コスト）が算定されました。これに営業費用1000万円を足すと、3200万円＋1000万円＝4200万円が当期の総原価だと分かりますね。

つまり、売上収入5000万円－総原価4200万円＝800万円が当期の儲け、すなわち営業利益となるのです。

なお、期末の在庫100台×8万円＝800万円は、翌期に販売できる製品ですから、原価で評価して800万円が「製品（棚卸資産*のひとつ）」という名称でバランスシートに表示されるのです。

このように、原価計算は、「**利益の計算**」と「**製品在庫の計算**」を正しく行うために欠かせない重要な手続き、ということができるのです。

原価計算から導かれる財務諸表

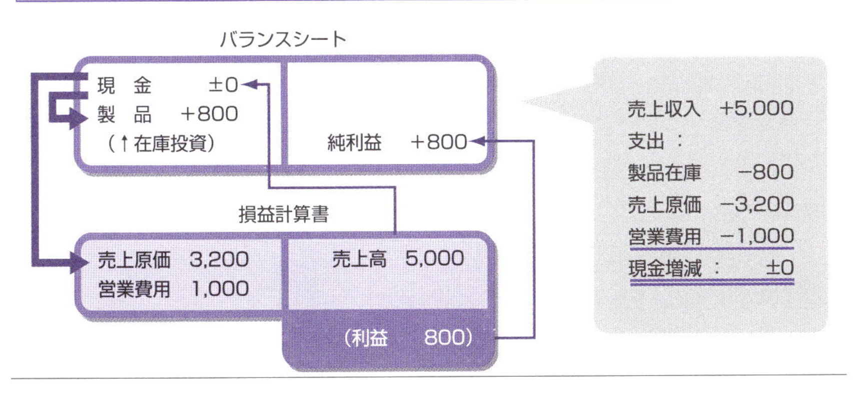

＊　いわゆる「在庫」のこと。商品・製品だけではく半製品・仕掛品・原材料等も含む。

3-2
原価計算の目的

前節では、原価計算をしないと、「期末の在庫の評価」と「当期の売上原価として計上される製品原価」の配分額がわからない、ということを学習しました。つまり、損益計算書や貸借対照表といった財務諸表を作成する資料の一つとするために、原価計算を行うという側面があるのです。

原価計算の5つの目的

ここで、あらためて、原価計算を行う目的について、確認しておきましょう。

一般に、原価計算を行う目的は、つぎの5つにあるといわれています。

原価計算の目的
(1) 財務諸表作成目的
(2) 価格設定目的
(3) 原価管理目的
(4) 予算目的
(5) 経営の意思決定目的

では、1つずつ説明いたします。

まず、(1) の**財務諸表作成目的**は、まさに前節の事例の趣旨そのものでして、正しい原価計算のルールを社内で決めておき、それにしたがって製品1個当たりの原価を集計しておかないと、当期の販売数量にかかる製品原価（売上原価）と、期末の在庫にかかる製品原価が適正に表示できなくなるわけです。つまり、「正しい決算書をつくるためには、原価計算は不可欠の手続き」というわけです。

つぎに、(2) の**価格設定目的**ですが、簡単にいえば、製品1個の原価が決まらないと、それにいくら利益を乗せていいかわかりません。また、適当に売価を設定してしまって、後で高すぎて売れないとか、安すぎて赤字になってしまった、などということになったら元も子もないですよね。

つまり、「高すぎず安すぎず、妥当な販売価格を設定する基礎資料とする」ためにも、原価の正しい計算は必要なのです。

（3）は、**原価管理目的**といって、目標原価を設定し、実績と比較するという管理目的でも原価を計算しますよ、という趣旨です。この点は、後の章で標準原価計算の話が出ますので、そちらで詳しくみていきましょう。

（4）**予算目的**というのは、向こう1年間の利益計画を立てるときに、目標利益だけでなく、目標原価を計算して、より精度の高い計画を立て、管理しましょう、という目的です。

（5）最後の**経営の意思決定目的**ですが、これはちょっと高度です。ビジネスの世界では、1年を短期、3年程度を中期、5年以上を長期といいますが、この中・長期計画を立てる際に、原価計算の知識を利用して、正確な将来の予測に役立てよう、ということなのです。

このように、経営やビジネスの様々な場面で活用される原価計算の知識、ぜひ基本的な部分だけでも身に付けておきたいところです。

原価計算の目的

①財務諸表の作成

②価格の設定

③原価管理

④予算管理

⑤経営の意思決定

3-3 原価から売価の導き方

経営活動の中心テーマは、売上をいかに確保するか、という問題です。売価をいかに決定するかは、企業の死活問題といえます。適正な利益を得るために売価設定をしますが、ここでは原価計算の結果から売価を適正に求める手法について、解説いたします。

売価はいくらにする？

これは、原価計算の目的の一つである「**価格の設定目的**」に関連する話です。

たとえば、ある新製品を開発し、来年度に市場で発売しようという計画があるとしましょう。

そのとき、需要予測に基づき、「今後何年間で」「どれだけの量が」「いくらで」売れるかの売上予測をすることになります。

今後何年間にわたって売れるかの予測は、「製品ライフサイクル」の予測といいかえてもいいでしょう。

また、製品の販売数量は、ライバルとの競合関係、市場における認知度や浸透度、そしてこのあとに検討する売価によって大きく影響を受けることになります。

では、新製品の売価は、どのように決めたらよいでしょうか。

マークアップ原理の考え方

ここで、既存の類似製品の売価を調査し、それを基に決めていくこともできるでしょうし、「**マーケット・イン**」の発想、つまり市場側の声を良く聞いて新製品の投下を考えるならば、消費者の意見から価格を決めることもできます。

しかし、いくら消費者主導と言っても、そもそもその値段が製造コストよりも低くて、赤字になってしまうようでは、単なるボランティアです。

それでは、企業と消費者の「両得（win - win）」の関係が成り立ちません。このような一方的な関係が長期の発展につながることはありえないでしょう。

したがって、市場で受け入れられる価格が、供給側の企業でも利益が出る価格なのかどうか、という事前検討は当然必要になります。

そこで、原価に一定率を掛けた利益を乗せ、売価を決定する、という売価決定の考え方がでてきます。

このような考え方を**マークアップ原理**といいます。

たとえば、新製品1個当たりの材料費が3000円、労務費が2000円、経費が1000円とすると、1個当たりの製造原価は6000円と計算されます。

この「6000円」という製造原価に、仮に30%の利益（＝**マークアップ率**）を付加するとしたら、企業が望む売価は、「6000円＋6000円×30%＝7800円」となります。

このマークアップ原理による売価と消費者の感覚で受け入れられる価格とを比較して、その後の調整が入ることになりそうですね。

いずれにせよ、1個当たりの製造原価が正しく計算されなければ、付加するべき利益も正しく算定できないので、原価計算を正確に行う、というのは大きな責任を伴うわけなのです。

マークアップ原理による売価決定

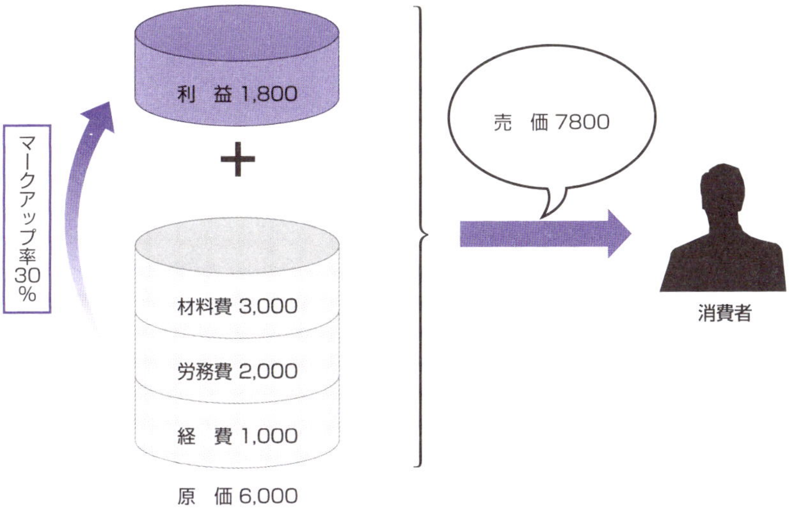

マークアップ率30%
利　益 1,800
＋
材料費 3,000
労務費 2,000
経　費 1,000
原　価 6,000
売　価 7800
消費者

3-4 原価計算のなりたち

原価計算は、時代とともに発展してきました。それは、世界の産業発展の歴史とも深く関係してきます。ここでは、少し視点を変えて、簿記の原理がイタリアのルカ・パチョーリによって体系付けられた15世紀ごろの話にさかのぼり、原価計算の発展過程について、概観してみたいと思います。

原価計算のはじまり

原価計算も企業会計の枠組みの一つとして存在しますが、そもそも企業会計の基本となる**複式簿記***に関する最も古い記述としては、1494年にイタリアの**ルカ・パチョーリ**が発表した『算術・幾何・比および比例総覧』（略称「**スムマ**」）という書物が有名です。

このころのイタリアは商業中心の経済で、今のように複雑な製造工程などない家内制手工業が中心でしたから、簿記の原理も今と比べてきわめてシンプルでした。

しかし、その根本的なところは、500年以上経った今でも受け継がれています。すごいですね。

工業の進展と原価計算

時代は下って18世紀、19世紀と産業革命の大きなインパクトにより近代工業が非常に発展しました。固定設備の増大、複雑化した生産工程の管理と多様な出来高払い賃金の制度、それらを管理するためのシステマチックな計算体系が必要とされるようになったのです。

ここに、**原価計算制度の必要性**が生まれたという見方もできるのではないでしょうか。

さらに、第1次大戦と第2次大戦の間の時期には、工業上の諸問題が増大しました。

つまり、変動予算による管理、受注生産形態に即した個別原価計算の実施、高い精度が要求される市場分析、資金計画上影響の大きい租税制度など、それまで

* すべての取引を借方（左側）と貸方（右側）に分けて、財産の動きと利益の動きを連動させる記帳方法。対する単式簿記とは、家計簿や現金出納帳といった金銭の入出のみを記録するものをさす。

とは違った新しい経営課題に直面するに至って、その後の会計が、原価計算手法を基にした経営管理機能の一部を担うことになります。

将来予測のための原価計算

そして、第2次大戦後、本格的な大量生産時代が幕を開けると、設備投資額のさらなる増大と間接費のコントロールの問題、変化の激しい市場での将来の利益予測、経営者の設備投資の意思決定など、ますます問題解決のための原価計算手法が求められるようになりました。

いまではビジネス用語としても目にすることが多くなった損益分岐点分析、現在価値、事業部制、直接原価計算などの管理手法は、すべて現状把握だけでなく、将来予測を行うための高度な**原価管理・利益管理技法**のひとつなのです。

このように、もはや現代の経営管理手法の一つとして大きな役割を果たす原価計算の基礎知識を学ぶことは、あなたのビジネス感覚をより高めるためには、非常に有効だということが、お分かりいただけることでしょう。

歴史的な経過と原価計算の発展過程

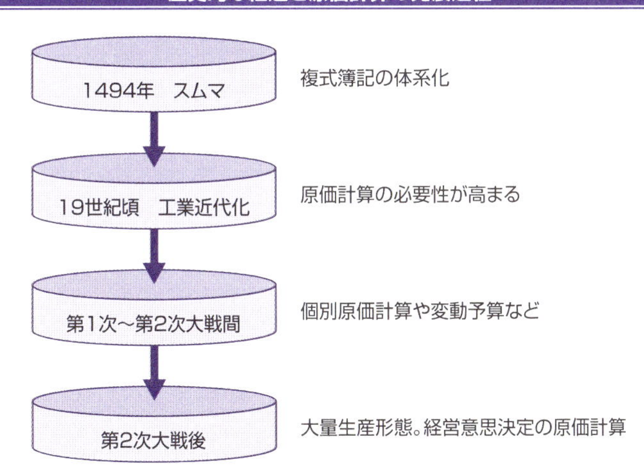

3-5 製造業における決算書の特徴

決算書は、会社の一年間における経営活動の成果を表す成績表です。会社の活動成果として、次の2つの点につき会社の成果を測定・表示します。(1) 会社の財産の状況 (貸借対照表)、(2) どれくらい儲けたか (損益計算書)。ここまでは商業・工業ともに共通ですが、工業については、工場における製造過程がありますので、(3) 製造原価報告書というものを売上原価の明細として作成します。

貸借対照表と損益計算書の特徴

まずは貸借対照表についてです。

卸売業や小売業などの商業では、期末在庫は仕入先から購入した商品の一種類です。したがって、期末の在庫を表す科目名は「商品」となります。

これに対して、製造業 (工業) では、①原材料を購入 (仕入) して材料倉庫に受け入れ、②工場で加工を加え (未完成品=仕掛品)、③完成した品物 (=製品) を製品倉庫に入庫します。その後、得意先からの以来に応じて製品を出荷し売り上げる、というプロセスを辿ります。

したがって、以上の①・②・③の3ステップにおいてそれぞれ在庫が発生します。具体的には、主として「材料」勘定、「仕掛品」勘定および「製品」勘定の3つが製造業の在庫となります。

つぎに損益計算書です。

商業も工業も、基本的には売上高から売上原価を引いて売上総利益 (粗利益) を算定する点で大きな違いはありません。次に売上総利益 (粗利益) から販売費や一般管理費を控除して本業のもうけである営業利益を算定し、さらにそのあとも計算が続きますが、商業と工業に違いはありません。

ただし、売上原価の内容を詳しく検討すると、次のような違いが見えてきます。

商業では、商品の外部からの購入高すなわち仕入原価が「売上原価」となるのに対して、製造業では、材料費と労務費と経費の合計額が完成品（＝製品）の原価であり、これが「売上原価」として表示されます。

※商業の売上原価＝商品の仕入原価　※工業の売上原価＝製品の材料費・労務費・経費

製造原価報告書（製造原価明細書）

製造業が行う工業簿記では、損益計算書における「売上原価」の内容として、「材料費」「労務費」「経費」の3つがあります。これらの内訳がそれぞれいくらかを示す決算書（財務諸表）が「製造原価報告書（製造原価明細書）」と呼ばれるものです。

この製造原価報告書が売上原価の明細として作られる点が、商業と比較した時の違いとなっています。

決算書（財務諸表）の比較

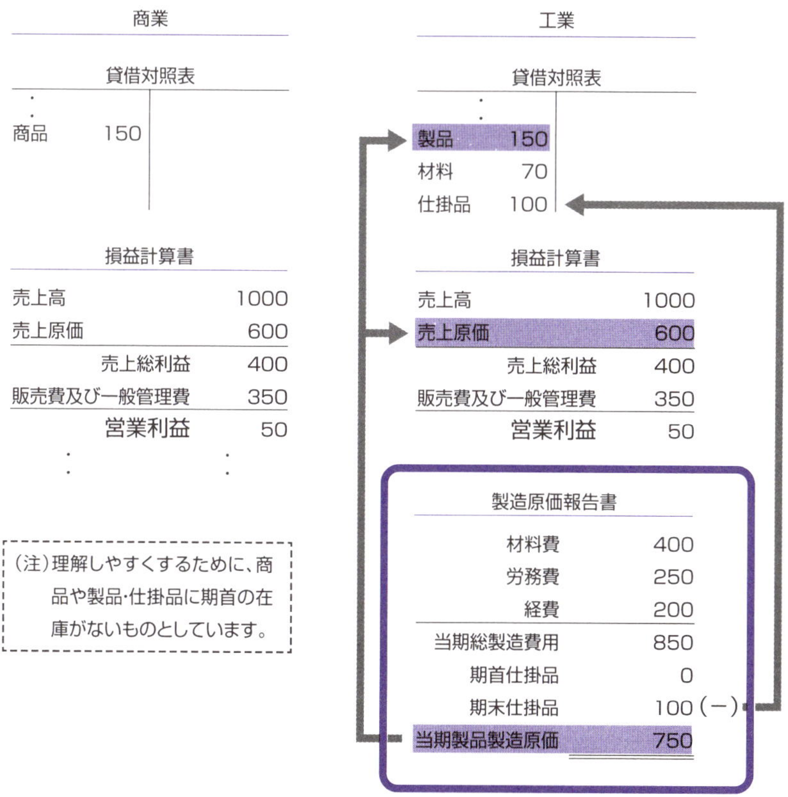

商業

貸借対照表

・ ・	
商品	150

損益計算書

売上高	1000
売上原価	600
売上総利益	400
販売費及び一般管理費	350
営業利益	50
・ ・	・ ・

（注）理解しやすくするために、商品や製品・仕掛品に期首の在庫がないものとしています。

工業

貸借対照表

・ ・	
製品	150
材料	70
仕掛品	100

損益計算書

売上高	1000
売上原価	600
売上総利益	400
販売費及び一般管理費	350
営業利益	50

製造原価報告書

材料費	400
労務費	250
経費	200
当期総製造費用	850
期首仕掛品	0
期末仕掛品	100（－）
当期製品製造原価	750

3-6
個別原価計算と総合原価計算

「全部原価計算」という計算方法のなかで、会社の生産形態が「一品ごとの受注生産形態」か「市場予測にもとづく大量生産形態」かによる、原価計算方法の違いについて考えてみましょう。

ここでは、会社の生産形態による、原価計算方法の違いについて考えてみます。

工場で発生するコストをすべて忠実に製品に集計し、実績を事後的に集計する「全部実際原価計算制度」の枠組みにおける具体的な計算方法の学習、と考えていただけるとよいでしょう。

1品ごとの受注生産形態に適した「個別原価計算」

個別原価計算とは、1品ごとに注文を受け、特定の顧客の注文ごとに納期や金額を決めて、製品を販売する形態に応じた原価計算の方法です。

個別受注生産形態といえば、たとえばスーツや着物などの服を、その人のサイズや体格に合わせてオーダーしてもらい、1品ごとに仕立てて納めるオーダーメイドによる服・靴の販売などがあげられます。建設業のビルやマンションなども、個別受注形態ですね。ほかにもあります。家具や機械設備なども、発注者の仕様や要求に合わせれば、個別受注生産形態になります。

このような受注生産形態の場合、一つの注文ごとに受注・製造ナンバーを割り当て、「**特定製造指図書**」という生産命令書を発行し、その製造ナンバーごとに材料費・労務費・経費などを分類集計します。このような計算方法を「**個別原価計算**」と呼びます。

詳しくは、第5章でふたたび解説いたします。

大量生産形態の「総合原価計算」

標準的な品物を、向こう1か月などの需要予測に基づいて、大量に生産する形態に適した原価計算の方法です。この大量生産形態の場合、個々の製品に個性はありません。

たとえば、紳士服でも、1着1万円くらいの店頭で出展示されている標準品などですね。

それから、おもちゃ、電卓、文房具、あるいは自動車、電気機器など、身の周りのものはたいていが大量生産できる標準品です。

営業部署の調査・予測に基づき、翌月以降の需要量を見込んで、各月にどれだけつくるべきかの生産命令書、すなわち継続製造指図書を発行して、現場の生産数量の調整を行います。

大量生産品の場合、個別に原価計算するのではなく、たとえば1か月の材料費合計を生産数量で割り、その月の1個当たり原価を各製品へと割り当てます。

仮に、ある月の材料費が20万円として、その月の生産量が1000個なら、1個当たりの材料費は200円となります。

このようにして、大量生産品1単位当たりの原価を求めるような方法を、**総合原価計算**というのです。

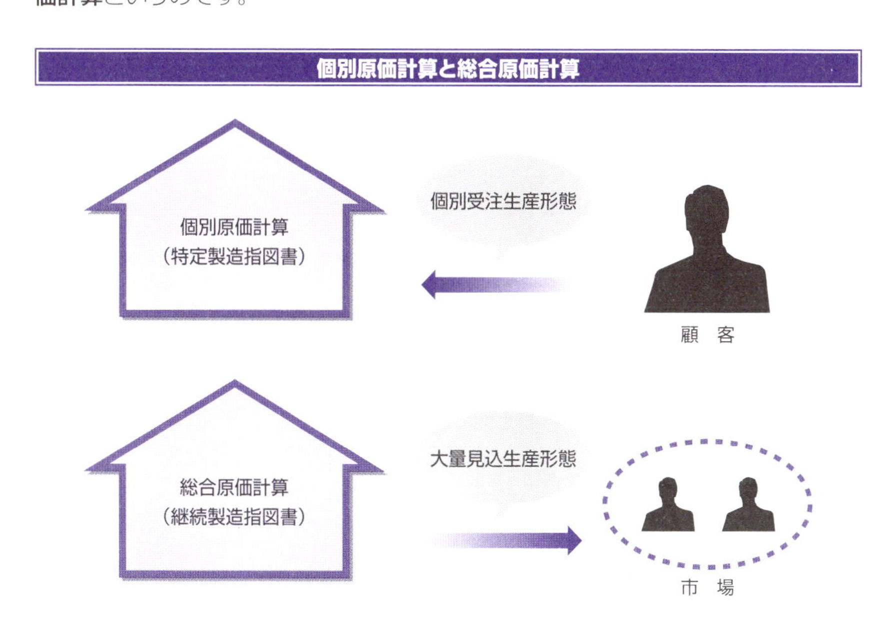

3-7
原価計算を行うための根本規則集

原価計算という計算手続は、もともと「制度会計」という会計の一領域として、重要な役割を担っています。そこで、本節では、法律に基づく公正な会計実務としての「制度会計の意義」と、その制度会計とのかかわりにおける原価計算のルール（原価計算基準）の位置づけを理解していただきたいと思います。

会計実務を規定する3つのルール

制度会計という言葉があります。

制度会計とは「公（おおやけ）のルールにしたがって行われる会計実務」のことです。

現在では、すべての企業を対象とする「商法・会社法」や「税法」によって会計のルールが定められていますし、社会的にも影響の大きい上場企業などでは、「金融商品取引法」という、さらに厳格なルールで会計実務が規定されています。

以上、**商法ないし会社法**と**税法**と**金融商品取引法**の3つの法律が、現在の日本における会計実務の実践ルールとなっていますので、これらを**会計のトライアングル体制**などと呼ぶこともあります。

会計の憲法—企業会計原則

ところで、私たちの日常生活を規定する法律には、どのようなものがあるでしょうか。

一番身近なところでは、「民法」という、個人間の関係を調整する法律があります。

たとえば、他人にお金を貸したとか、中古車を誰かに譲ったとか、家を買うのに不動産の知識を持つ知り合いに代理を頼むとか、あるいは相続・婚姻など、あらゆる場面で、私たちの日常生活に民法が関係してきます。

また、窃盗や傷害などの行為に対しては、刑法が適用されますね。

このように、さまざまな法律が日常生活にかかわってきますが、それらの根本となるのが、「基本的人権の尊重」をベースとする憲法なのです。

つまり、憲法という根本規則に乗っかる形で、各種の具体的な法令が出来上がっているわけですね。

会計実務も一緒で、商法・会社法、税法、金融商品取引法のベースになる根本的な規則があります。それを**企業会計原則**といいます。

企業会計原則は、おおむね商業を中心としながらも、すべての業種が基本精神として尊重するべき根本規則集です。

そして、製造業（工業）という一つの重要な業種については、**原価計算基準**という根本規則集があり、やはりこれを尊重して現在の各種法令・原価計算実務が行われているのです。

企業会計原則は会計の根本規則集

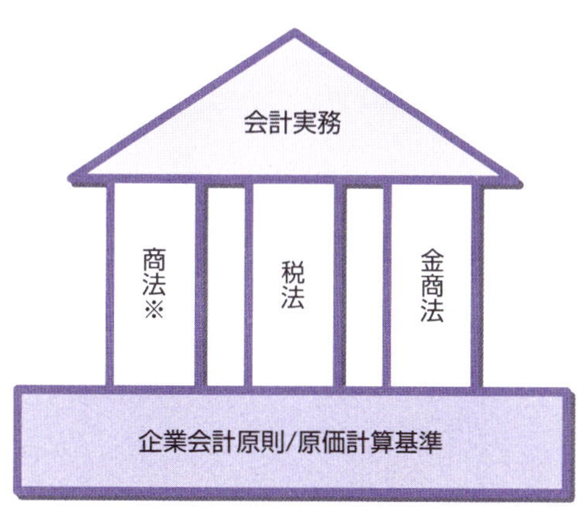

※ここでの商法は、「会社法」を含みます。

原価計算のサイクルは1か月

なお、工業簿記・原価計算における計算のサイクルは、「**1か月**」です。したがって、原価計算を行う企業は、月次ベースで原価を集計し、それを12か月分累計して、年度の財務諸表として公表することになるわけなのです。

原価計算を行う1サイクルの期間、つまり1か月間のことを、**原価計算期間**といいます。

各月の原価計算期間は、すべての会社が行う年度決算（事業年度）の構成要素となるのです。

事業年度と原価計算期間

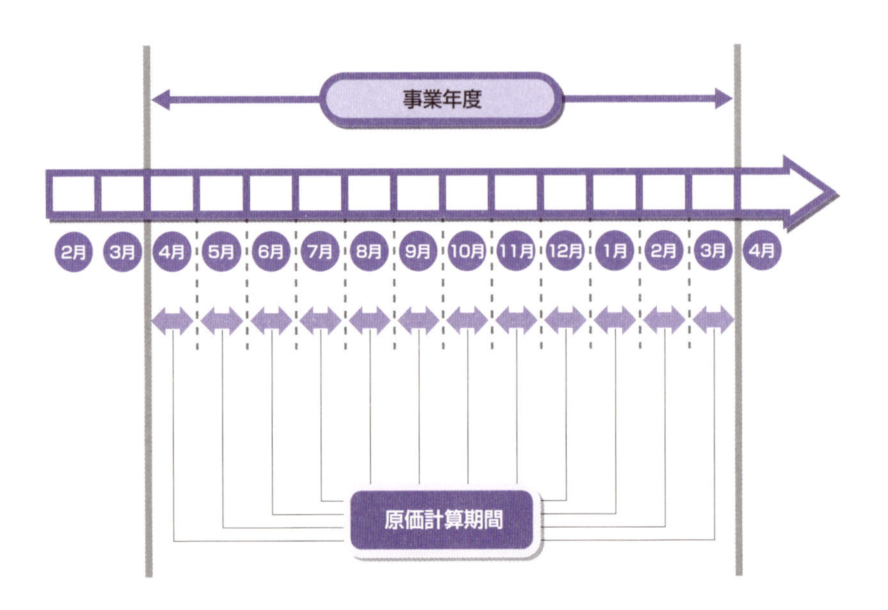

3-8 原価計算の手順

原価計算の基本は、工場で費やした実際のコストを各製品に集計していく「全部実際原価計算」制度です。そこで、原材料を買って工場内で加工し、完成した製品を倉庫に搬入し、最後に得意先へと出荷するまでのプロセスを、順を追ってみていきます。

原価計算の3ステップ

さて、いよいよ「**全部実際原価計算**」の枠組みにおける原価計算の手続きを、個別に学習していく段階へと、たどりつきました。

原価計算の基本は、やはり工場でかかった実際のコストを各製品に集計していく「全部実際原価計算」制度です。ここでは、原材料を買って工場内で加工し、完成した製品を倉庫に搬入し、最後に得意先へと出荷するまでのプロセスをみていきます。

全部実際原価計算における計算の手順

ステップ1

(1) 材料を購入した時の計算

(2) 材料を工場に投入（＝消費）した時の計算

(3) 労働力を購入（＝給料を支給）した時の計算

(4) 労働力を工場に投入した時の計算

(5) その他の資源を購入した時の計算

(6) その他の資源を工場に投入（＝消費）した時の計算

ステップ2

(1) 各未完成品への材料費・労務費・経費の配分

(2) 未完成品（＝仕掛品（しかかりひん）*）が完成したときに、製品原価として最終集計する段階

* 製造工程において加工中の製品。未完成品、半製品をさす。

ステップ3
製品原価のうち、販売したものについて、「売上原価」として認識する段階

以上の各ステップのうち、ステップ1を「**費目別計算**」といい、ステップ2を「**製品別計算**」といいます。なお、費目別計算と製品別計算の間に、工場内の部署（部門）ごとに、いったん費用を再分類するステップをはさむこともありますが、本節では、初心者むけの理解を優先し、この部門別の計算手続き（→第4章参照）を無視して話を進めます。また、初期の学習段階では、これでも十分です。

ステップ1で、材料等を購入し、工場内に投入します（費目別計算）。ステップ2で、投入された費用を完成品と仕掛品（未完成品）に振り分けます（製品別計算）。ステップ3では、完成品、つまり製品のうち販売されたものを売上原価として認識し、未販売のものを製品在庫として認識します。

以上の手順を、しっかりと覚えておきましょう。

なお、下図では、材料費100、労務費60、経費40を工場に投入し、150が完成（50が仕掛品）して製品倉庫に搬入され、そのうち90が出荷された、という状況になります。そのときの売上高が135なら、45の利益ですね。

原価計算の3ステップ

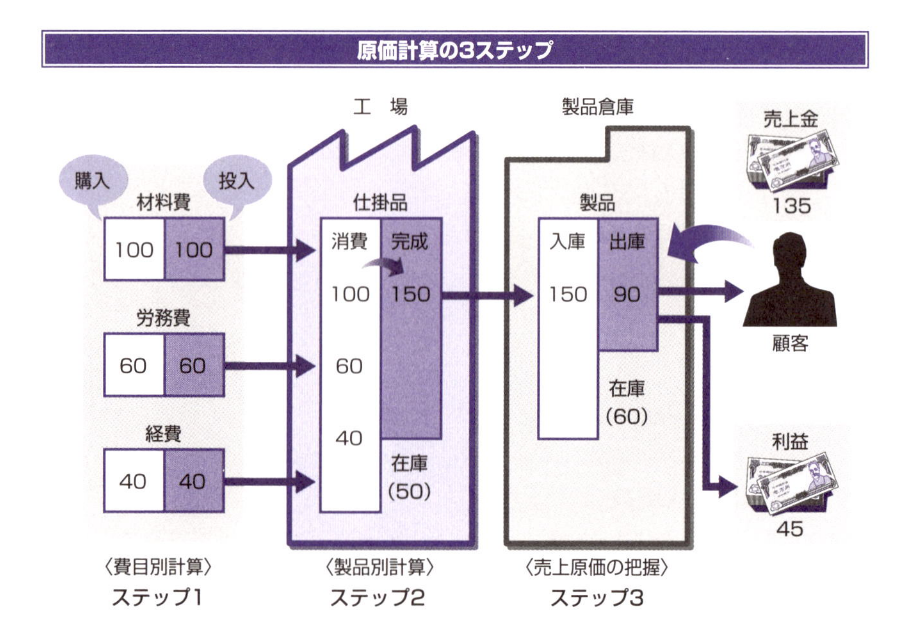

3-9 材料の消費額計算①
—払出数量の計算

材料は、材料倉庫から出庫されると、工場内の製造工程に投入され、製品加工のために消費されます。ここでは、材料の数量管理について、「継続記録法」「棚卸計算法」という2つの数量算定方法を考えてみましょう。

継続記録法

たとえば、金でできた部品とか車のタイヤのような、それ自体が販売できそうな価値の高い材料の場合、おそらく盗難や紛失を防ぐために受け払いの管理をします。

この場合、材料元帳*という「受け払いの管理簿」をつくって、大事な材料を受け払いするつど、その材料元帳に記入していき、月末になったら、帳簿上の「残高」欄で、あるべき材料の残高を把握します。

それと、倉庫の中を点検·調査して、実際の残数量と差がないかの確認をすれば、大事な財産である材料をきちんと管理することができます。

このように、材料元帳などの受け払い帳を作成して継続的に記録・管理する方法を**継続記録法**といいます。

この継続記録法は、受け払いのつど帳簿に記録するのでやや事務手続きは煩雑ですが、重要度の高い材料の管理には有効です。

棚卸計算法

上記に対し、輪ゴムや釘やネジや紙やすりなどの消耗品などはどうでしょう。1品ごとに受け払い管理するのも細かくて面倒だし、そんなに厳密に管理するほどの重要性もありませんね。

あまり重要度の高くない消耗品などは、購入のときだけ受入を何らかの形で記録し、払出のたびに記録することをせず、期末の実地棚卸数量を差し引いて、差額でその期間の出庫額(消費額)を推定する、という方法がとられます。

---

* 材料の日々の受け払いを記録する管理台帳。材料の入庫と出庫をその都度記録するので、在庫管理に適している。

「**期首在庫＋当期購入－期末在庫＝消費額**」のような把握の仕方です。

受入高から期末の実地棚卸高を差し引いて消費額を推定する方法を**棚卸計算法**といいます。

棚卸計算法は、払出のつど記録しなくていいので手続きは楽ですが、期末在庫のあるべき数量が帳簿上はわからないので、厳密な在庫管理ができないのです。当然、受入額から期末の実地残高を差し引いた額のすべてを消費額と考えますから、そのなかに盗難や破損などによる材料の減耗が混入しても分からないです。

だから、消耗品のような重要度の低い在庫にのみ適用できる方法なのです。

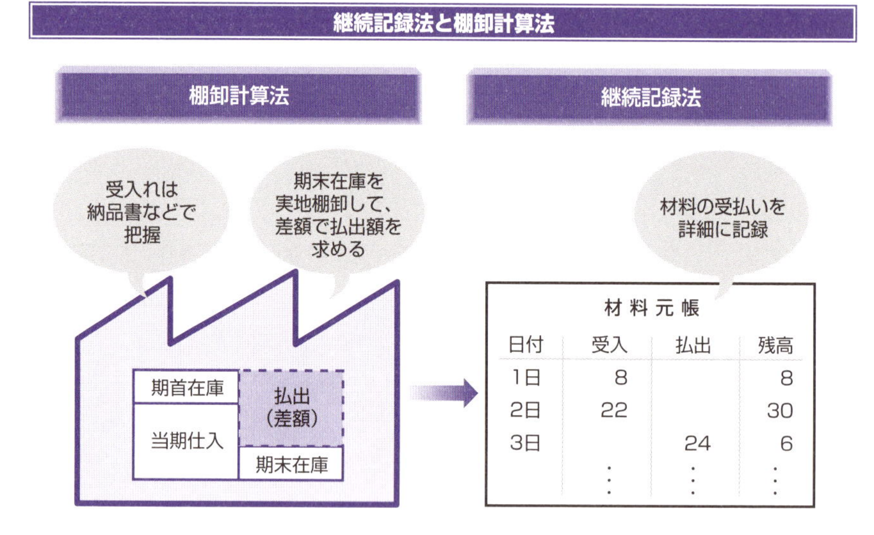

3-10 材料の消費額計算②
―払出単価の決定

消費数量の求め方は、前節で学んだように、継続記録法と棚卸計算法の2つがあります。そこで、つぎに消費価格の決定方法について、代表的な方法を知っておきましょう。

材料の消費額の計算は、「消費数量×消費単価」で求められます。

消費数量の求め方は、前節で学びました。つぎに**消費単価**の決定方法です。

結論からいうと、つぎの3つの方法を知っておけば実践知識としては十分でしょう。

消費金額の基本的な計算方法

(1) 先入先出法（さきいれさきだし）

(2) 後入先出法（あといれさきだし）

(3) 平均法

先入先出法

先入先出法とは、先に購入した材料から先に払い出し、決算日に残った材料は新しい仕入単価のもので構成されている、と考える計算方法です。

たとえば、昨日は材料10個を単価100円で仕入れ、今日は10個を単価120円で仕入れたとします。

これらのうち5個の材料を、明日、現場に払い出すとしたら、古く仕入れた100円の単価の材料を先に5個払い出したと考えましょう、という材料消費額の計算方法です。

したがって、出庫後の材料の残数は15個ですが、その単価構成は、古い単価100円×5個＋新しい単価120円×10個＝1700円の在庫評価額となるのです。

まあ、最も常識的な払出の仮定に基づく計算方法ですよね。

後入先出法*

後入先出法は、後から仕入れたものを先に払い出し、決算日の在庫は古い仕入単価から構成される、という仮定に基づく計算方法です。

あまり常識的にはピンとこない方法ですが、石炭や砂や砂利などは、どんどん買い増しするごとに上へと積んでいき、後で払いだすときには、上からすくって運んでいくので、上にある後の仕入から払い出す、という仮定にマッチするのです。

平均法

平均法は、前の仕入額と後の仕入額を合計し、仕入数量で割って平均単価を求め、その平均単価で消費額を計算する方法です。

これは、いつ払い出しても単価に大きな差が生じないので、安定した消費額の計算が可能です。細かい話ですが、平均法には期中の受け払いの都度平均単価を出す**移動平均法**と、1か月などの一定期間ごとに平均単価を出す**総平均法**の2種類があります。

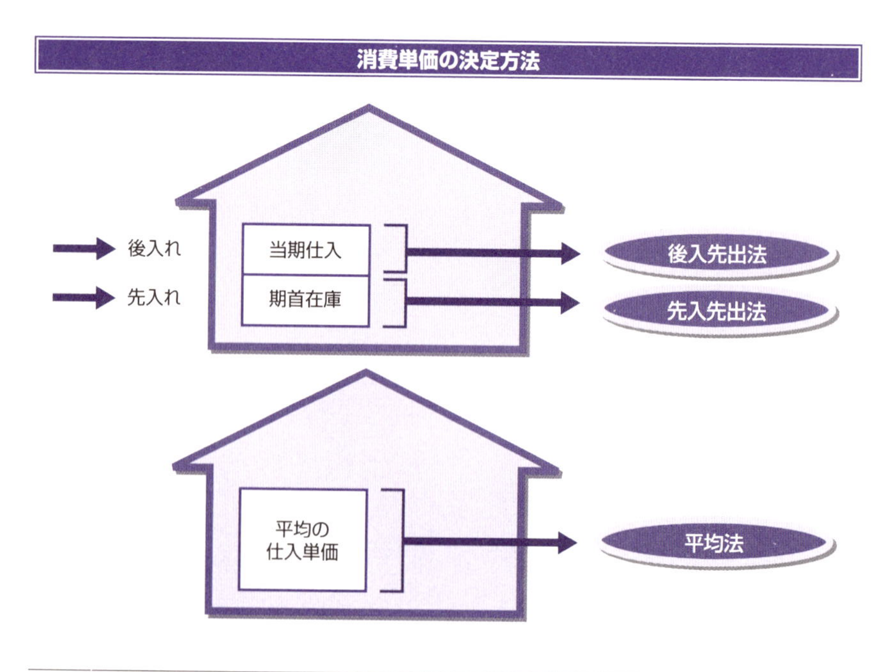

＊　後入先出法は、現行の会計制度では廃止されています。

3-11 材料の消費額計算③ ―紛失・盗難など

倉庫内で材料を保管していると、実際の残高が材料元帳の残高欄の残高（帳簿残高）よりも少なくなることがあります。これを「棚卸減耗」と呼びますが、その意義と実際の処理について、計算例を交えながら学んでいきます。

材料が紛失、盗難した場合

倉庫内で材料を保管していると、受け払い記録のミス、紛失、盗難などの理由で、実際の残高が材料元帳の残高欄の残高（帳簿残高）よりも少なくなることがあります。

家計簿に書かれている現金残高と財布の中にある実際の現金の額が合わない、という場合に似ていますね。

このように、材料の帳簿上の残高と倉庫内の実地残高が違う状態を**棚卸減耗**といい、実務上はよく生じます。

棚卸減耗費の処理のしかた

棚卸減耗は、現物管理をしている以上、ある程度は生じても仕方がないものなので、正常と思われる範囲の額ならば、減耗額を**製造原価**として取り扱います。

言葉で説明するだけではちょっとわかりづらいと思いますので、簡単な事例で考えてみましょう。

たとえば、月初には在庫がまったくなく、当月に100kgの材料を購入したとしましょう。1kg当たり200円とします。

当月における材料購入高は、200円×100kg＝2万円です。

つぎに、材料元帳では、上記の受入欄の記入100kgのほかに、払出欄に90kgと記載されていたとします。すると、材料元帳の残高欄には、差し引きで10kgと記載されているはずですね。

そこで、月末に、倉庫の中を調査し、実地棚卸（現品を数えること）をしてみたとします。

その結果、月末の実地数量は8kgでした。とすると、帳簿残高10kg－実地残高8kg＝棚卸減耗2kgとなりますね。

そして、200円×2kg＝400円が、**棚卸減耗による費用**になります。これを「**棚卸減耗費**」といい、製造中の製品原価（未完成なら「仕掛品」）に「**間接経費**」として最終的に加算することになるのです。

結論です。

「材料の保管中に生じた棚卸減耗費は、製造中の製品原価（仕掛品）に、間接経費として加算される。」

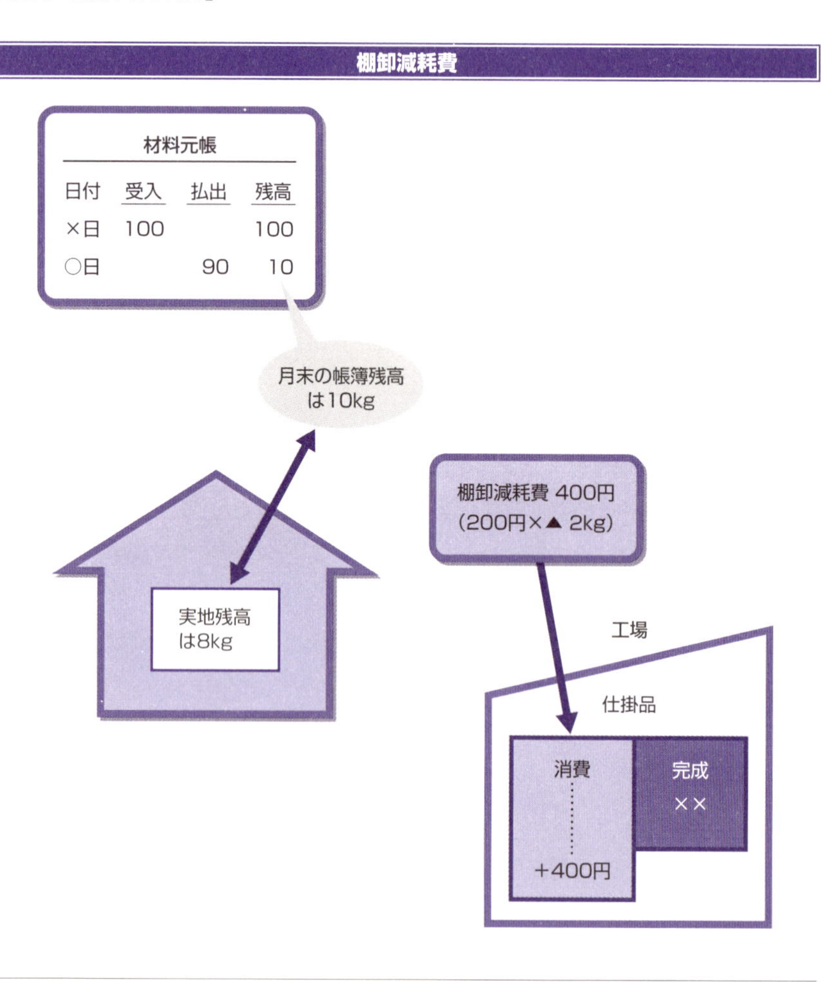

3-12 労務費の消費額計算①
―直接工の賃金

労務費は、工場で働く従業員（直接工、間接工、事務員など）にかかる費用です。この労務費のうち、直接工（製品の製作に直接携わる人）にかかる賃金がいかに直接労務費として製品原価に集計されていくか、そのさわりを理解していただきます。

直接労務費を計算する

直接工とは、製品の加工を行う作業員のことです。

この直接工は、どの製品に何時間作業したか、ということが作業票などであきらかになるので、「直接工の作業1時間当たりの賃金×その製品にかかった作業時間」で、その製品に直接集計される労務費、すなわち**直接労務費**が計算できます。

たとえば、ある機械装置1台をつくるために、直接工1人で5時間の作業が必要だとしましょう。

そして、その直接工の1時間当たりの賃金が2000円だとしたら、2000円×5時間＝1万円が、その機械装置1台にかかる直接労務費となります。

具体例で考えてみると、あんがい簡単ですよね。

このように、特定の製品を製造するためにむけられた作業時間のことを**直接作業時間**といいます。

なお、直接工の1時間当たりの賃金額を**賃率***といいますので、ある製品にかかる直接労務費の額は「賃率×その製品にかかった直接作業時間」と計算できます。

直接労務費＝直接作業時間×賃率

勤務時間の内訳

ここで、ちょっと見方を変えて、直接工の1日の勤務時間の内訳をみてみましょう。直接工の1日における勤務時間の内訳には、つぎのようなものがあります。

---

* 作業時間1時間あたりの賃金の額。毎月の実際の賃金額からその月の実際就業時間を割れば実際賃率になり、予算の賃金額から予定の就業時間を割れば、予定賃率になる。

（1）**勤務時間**　出社から退社までの時間です。8時出社、5時退社など。

（2）**休憩時間、職場離脱時間**　昼休みの休憩時間や、私用の外出などの職場離脱時間は、賃金の支払対象になりません。

（3）**就業時間**（支払対象）　勤務時間から休憩時間・職場離脱時間を差し引いた時間を就業時間といい、賃金計算上のベースとなる時間です。

（4）**手待時間**　就業時間のうち、必要な材料や指示が来ないため、あるいは機械故障などで作業員の責任によらず作業できない遊休時間を手待時間といいます。

（5）**実働時間**　就業時間から手待時間をさしひいた時間です。
実働時間＝間接作業時間＋直接作業時間です。

（6）**間接作業時間**　機械の調整・修繕、材料の運搬などの製品製造とは関係ない作業の時間です。

（7）**直接作業時間**　製品の製造に直接関係する作業時間です。この直接作業時間に賃率を掛けた額が、直接労務費になります。直接作業時間の内訳には、作業の準備を行う「段取時間」と実際に製品の加工を行う「加工時間」の2つがあります。

直接工の勤務時間内訳

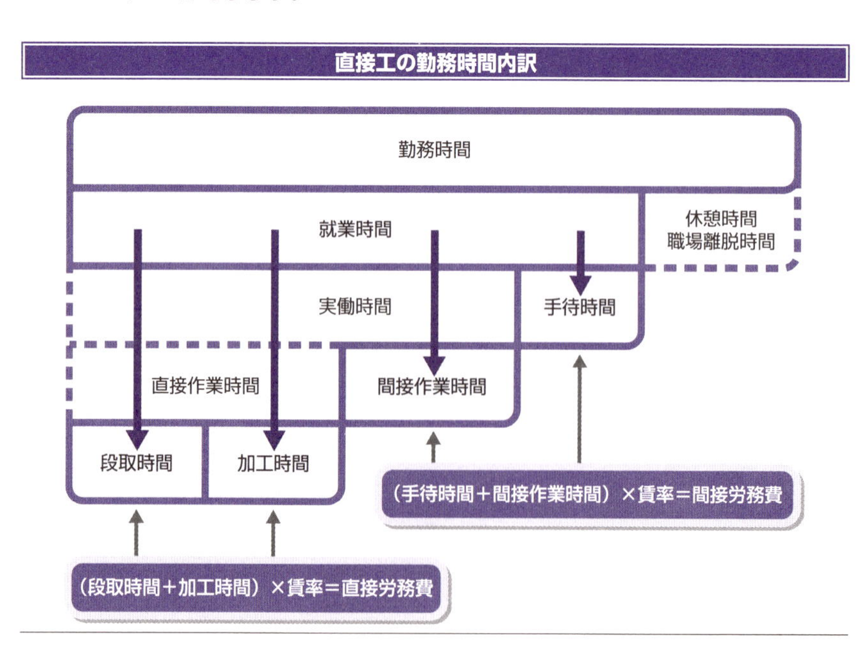

3-13 労務費の消費額計算②
—賃率の種類

賃金とは、基本給と割増手当を足したものです。この賃金は「直接工の就業時間における労働の対価」です。なお、賃金総額を就業時間でわると、1時間当たりの賃金（=賃率）が求められます。この賃率を個人別で算定するか、職種別の平均で算定するか、といった違いにより、原価計算にどんな影響があるのか、一緒に考えてみましょう。

直接工が労働の対価として受取る報酬（労務費）には、賃金、賞与手当、法定福利費、退職金などがあります。このうち、直接労務費として、各製品に直接集計されるのは、**賃金**でしたね。

さて、ここで賃金とは、基本給と割増手当を足したものですが、この賃金は直接工の就業時間における労働の対価です。そして、一定期間（たとえば1か月間）における賃金総額を就業時間で割れば「賃率」が計算されます。

集計範囲の広さによる賃率の種類

集計範囲の広さによって、賃率にはつぎの3種類があります。

（1）**個別賃率**　従業員1人1人の賃率
（2）**職種別平均賃率**　各職種における平均賃率
（3）**総平均賃率**　工場全体の平均賃率

どれを使うかは各企業の考え方にもよりますが、一般には、個別賃率は1人ずつ計算するのが煩雑であり、工場全体の平均賃率はおおざっぱにすぎるので、職種別平均賃率が、同一作業に同一賃率を適用できることから、労務費計算の手間と正確性の両方をバランスよく調和していると考えられています。

実際賃率と予定賃率

さらにもうひとつ、賃率の種類があります。

（1）**実際賃率**　毎月の支給実績に基づき、その月の実際賃金総額÷その月の実際就業時間で求められた賃率。

（2）**予定賃率**　原価計算期間が始まる前に、あらかじめ設定していた予定賃金消費額÷予定就業時間で求められた賃率。

職種別平均賃率を採用することにしたとして、つぎに、賃率の計算を、毎月の実績値にもとづき、毎度毎度計算するのか、あらかじめ「あるべき賃金額と就業時間」を設定して、予定賃率として求めるのか、の2つの方法があります。

実際賃率による場合、毎月の賃金の実績を出してから賃率を計算するのは時間がかかるし、また、たまたまある月には残業が多かったとか手待ち時間が多かったなどの偶発的な事情で賃率が変動してしまいます。したがって、計算の迅速性・偶然性の排除の観点から、職種別の**予定賃率**を採用するのが、最も妥当であるケースが多いでしょう。

なお、製品の加工に携わらない間接工の賃金は、すべてが間接労務費という簡単なあつかいなので、その月の要支給額（支給額に月初・月末の未払い額を調整したもの）をもって労務費とします。

直接労務費と間接労務費

［問い］
A工場の第1製造部における下記のデータをもとに、6月の直接労務費と間接労務費を求めてください。

［データ］

1. 当年度の賃金予算	基本給	48,000,000円
	加給金	12,000,000円
2. 当年度の予定就業時間		30,000時間
3. 6月の直接作業時間		2,400時間
4. 6月の間接作業時間		200時間

●予定賃率
(48,000,000+12,000,000)
÷30,000時間=2,000円
●直接労務費(4,800,000円)
2,000円×2,400時間
●間接労務費(400,000円)
2,000円×200時間

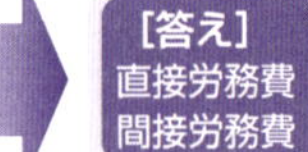

［答え］
直接労務費　4,800,000円
間接労務費　400,000円

3-14 労務費の消費額計算③ —支給額との違い

原価計算期間は、1日から末日までです。これに対し、毎月支払われる賃金･給料は、一般には25日払いで、支払の締めが前月21日から当月の20日まで、というケースが多いですね。このように、お互いの期間のズレをどのように調整するかにスポットを当てたのが本節の内容です。

給与と労務費のズレを調整する

労務費とは、原価計算期間（通常は1日から末日まで）における、従業員による労働サービスの消費額のことです。

これに対し、毎月支払われる**賃金・給料**は、一般には25日払いで、支払いの締めが直前の20日まで、というケースが多いですね。

つまり、こういうことです。たとえば、6月を例にとってみましょう。

労務費の計算期間　6月1日から6月30日まで

給与支給の対象　5月21日から6月20日まで

このように考えますと、たとえば25日の支給日における賃金・給与の額が前月の21日から当月の20日ですから、当月の支給額から前月末までの10日分を控除し、当月の21日から末日までの10日分を未払いとして加算して考えれば、「当月の1日から末日までの消費額」が計算できますね。

労務費消費額の求め方

ちょっと事例で考えてみましょう。

ある工場における6月の実績です。

6月1日～ 6月30日における、実際の労務費消費額を求めてください。

（1）6月25日の賃金・給料支給額は、1000万円だった。（支給対象期間5月21日～6月20日）
（2）前月末（5月21日～5月31日）の未払賃金・給料は350万円だった。
（3）当月末（6月21日～6月30日）の未払賃金・給料は300万円だった。

答えは出ましたか？

計算過程は、「1000万円－前月未払350万円＋当月未払300万円」で、6月の原価計算期間（1日～30日）における実際の労務費消費額は950万円ですね。

賃率差異を管理する

これに対し、6月の直接作業時間および間接作業時間の合計が4650時間として、1時間当たりの予定賃率が2000円としますと、6月における労務費の予定消費額は、4650時間×2000円＝930万円となります。

つまり、6月の4650時間という作業時間で消費すべき目標の賃金が930万円で、対する6月の実際労務費が950万円ですから、差し引きで、目標よりも20万円、労務費が多くかかってしまったということになります。

これは、1時間当たりの賃率実績が、予定の2000円よりも多くなったことが原因と考えられますから、**賃率差異***と呼んで、管理されるのです。

差額の20万円は、「予定を上回った追加コスト」という感じで理解していただけるとよいでしょう。

＊ 予定賃率で計算したある月の予定賃金額から実際の賃金発生額を引いた差額。差がプラスなら実際の賃金が少ないので原価の節約（有利な差異）となる。

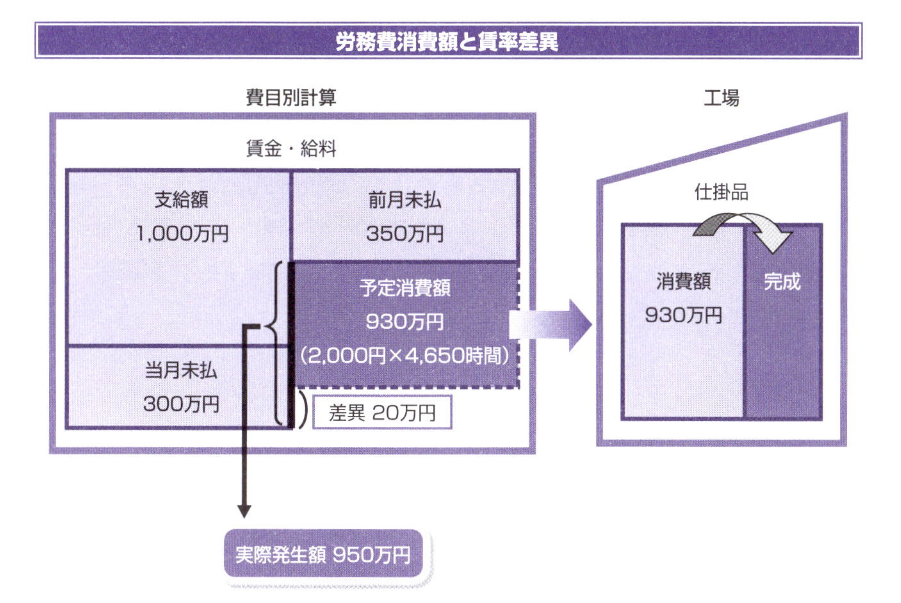
労務費消費額と賃率差異
費目別計算
工場
賃金・給料
支給額
1,000万円
前月未払
350万円
予定消費額
930万円
(2,000円×4,650時間)
当月未払
300万円
差異 20万円
実際発生額 950万円
仕掛品
消費額
930万円
完成

3-15
製造間接費の簡単な計算例

製造間接費は、間接材料費、間接労務費および間接経費を合計したものです。つまり「種々雑多な費用の寄せ集め」といったイメージです。このような性質をもつ製造間接費を、どのように各製品に集計していくのか、かんたんな計算例で見ていきましょう。

製造間接費とは

製造業における製品原価には、材料費、労務費および経費の3つの要素があります。

そして、この3つの原価要素には、それぞれ**直接費**と**間接費**がありますね。

直接材料費は、製品を構成する主要な材料、直接労務費は直接工の直接賃金、直接経費は外注加工費です。

また、間接材料費は補助材や消耗品費など、間接労務費は間接作業賃や事務員の給与・法定福利費など、間接経費は水道光熱費や減価償却費などです。

ここで、間接材料費・間接労務費・間接経費の3つは、各製品に直接いくらかかったのかを把握できません。これら3つの間接費は、まとめて**製造間接費**といいます。

原価要素の直接費と間接費

	材料費	労務費	経費
直接費	直接材料費	直接労務費	直接経費
間接費	間接材料費	間接労務費	間接経費

製造間接費を配賦（配分）する

もともと、製造間接費グループに入るものは、各製品に対していくらかかったのか、ということが分からないので、とりあえずすべての費目をいったん合算し、その合計額を、作業時間などの便宜的な物量基準で配分（配賦*）されるタイプの費用です。

* 製造間接費を、適当な基準（時間数、生産量などの物量データ）で各製品に割り振ること。

各製品への製造間接費の配賦額＝1時間当たりの製造間接費×作業時間

1時間当たりの製造間接費を、**配賦率**と呼びます。ここでの時間数は、製造間接費を配分するためのよりどころとなる物量単位です。これを**配賦基準**といいます。

製造間接費を各製品に配分する基準、すなわち配賦基準となるのは、通常は直接作業時間や機械運転時間などの時間数です。なぜなら、製品製造のために多くの時間を要した製品に、より多くの製造間接費を配分するのが理論的と考えられるからです。

なお、時間数という物量データのほかに、「直接労務費の120%」のように、直接労務費を基準にして各製品に配分することもあります。

なぜなら、作業時間が多いほど、直接労務費も比例して増えやすいからです。

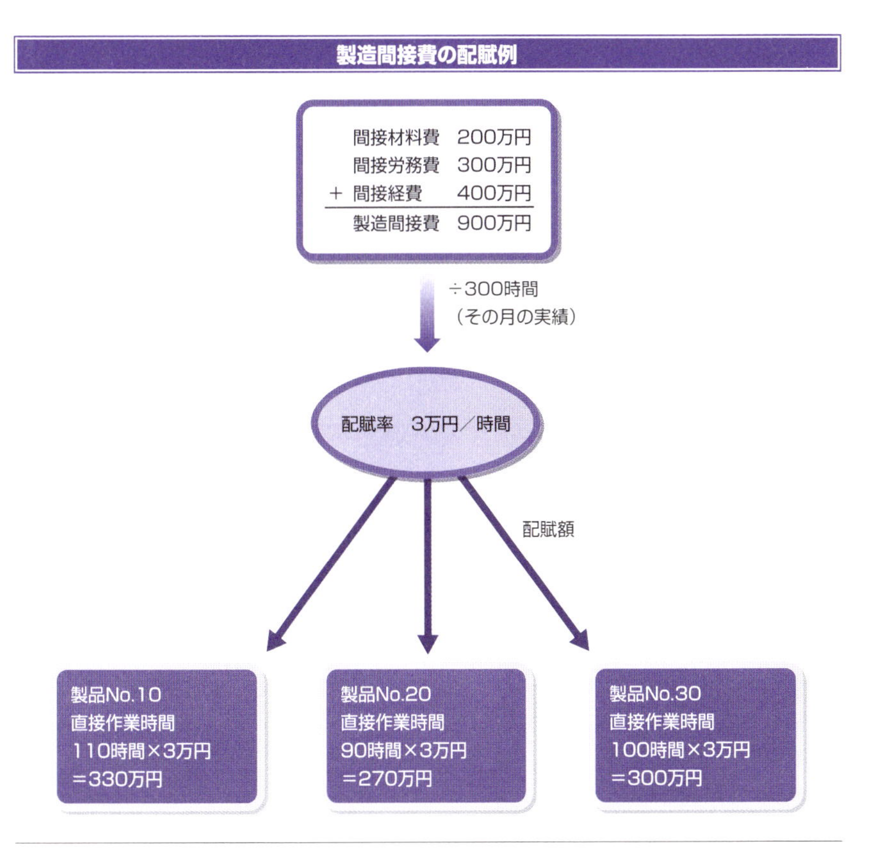

ある知人との会話　～中篇～

ある洋風レストランの経営をサポートする知人が相談をしに訪ねてきました。話を聞いてみると、どうやら銀座にある店舗が赤字続きで困っているとのことです。

(28ページコラム「ある知人との会話 ～前篇～」のつづき)

****

柴山　「ちなみに、飲食業の場合、絶対に外せない財務比率、ご存知ですよね。」

知人　「いえ、ちょっと…。どんな比率ですか？」

柴山　「俗に『家賃は3日で回収しろ』といわれる教訓があります。3日分の売上げで毎月の家賃を回収できなければ、そのお店は相対的にやばい、という基本原則です。」

知人　「え？　3日ですか！？」

柴山　「そう、3日です。言い方を変えましょう。1か月は30日あります。年中無休で1か月30日稼動したとして、3日は30日の10%にあたりますよね。だから、売上高に対する家賃の比率は10%が限度です。それ以上なら、売れない立地に高い家賃をぼったくられている、と考えざるを得ません。あるいは、立地はいいのに、営業力が無いとの証明になってしまいます。」

知人　「いや、だとすると、銀座に出店しているお店は、みんな駄目だ、ということになりますよ！」

知人は、驚いたように言葉を返してきました。

柴山　「銀座の土地柄は知りませんが、そもそも、そのような出店に関するイロハのイ的な経営指標を持たないことが、事業経営以前の準備不足を物語っています。では、売上高人件費の比率は、50%くらいで抑えられていますか？」

知人　「はい。それは、大丈夫です。人件費は30～40%くらいです。」

柴山　「なるほど。逆に低すぎて、従業員のモチベーションが心配なくらいですね。ともあれ、低い人件費と高い家賃という感じですね。」

人件費は、高すぎず、低すぎず、バランスが大事です。高すぎれば経営を圧迫し、低すぎれば、従業員の貢献性・生産性への意欲を失わせてしまいます。もちろん、このあたりは個々の事情に応じて、柔軟に考えなければなりませんが。

知人　「ちなみに、銀座に出店している、ということは、一つの大きなステイタス、ブランドのように考え、他の店舗での客足を稼ぎ、全店舗トータルでプラスに持っていこう、という狙いなんです。」

柴山　「まさに、連結経営の発想ですね。」

知人　「ええ。加えて、経営者が銀座での営業に執着しています。じつはそこがまさに問題なんです。」

柴山　「なるほど。要は、当面、銀座の店舗をいったん撤退した方が、収支が改善されるのではないか、ということですか。」

知人　「はい。ずっと彼の事業経営を見てきた様子から、それがいいと思うのですが、なにせ、そのことをどうやって説明したらいいか…。」

柴山　「店舗別の損益計算書とか、キャッシュフロー計算書とかを見せれば一発じゃないですか。」

知人　「それがその…お恥ずかしい話ですが、これまで、上司にいわれて前の担当者が作った方法をみようみまねで作ることはしていたのですが、キャッシュフロー計算書を使って、どのように経営者を説得していいのやら、ポイントがわからないんですよ。」

****

（130ページコラム「ある知人との会話 ～後篇～」へつづく）

第4章

製造間接費の基礎知識

製造間接費、というテーマは、実は原価計算を学習するものにとっては、最初にぶつかる壁だったりします。使われている用語が難しいことが一つ、そして、計算手続が直接材料費や直接労務費に比べて構造的にちょっと複雑なことが挙げられます。しかし、逆に言えば、ここを抜けてしまうと、つぎの学習が非常に楽になってきますし、原価計算の面白さがもっと高いレベルで理解できるようになります。ここは、ひとつがんばって、時間をかけてもいいですから、マイペースで繰り返し学習してみてください。

4-1 製造間接費の分類

製造間接費は、種々雑多な費用の集まりですが、そうはいっても一定の分類をして考えてみると、意外に身近で理解しやすい面もあるのです。とりあえず、間接材料費、間接労務費および間接経費といった3分類を軸に、自分なりのイメージをもちながら読み進めてみてください。

スーツ1着の原価要素

製造間接費は「各製品に直接集計できない費用」のあつまりです。

そして、製造間接費の内容には、大きく**間接材料費**、**間接労務費**、**間接経費**の3つがあることは、前章でも学習しましたね。

あなたの身の回りで考えてみましょう。

たとえば洋服屋さん。

最近は、大手の紳士服店などのように、標準的なサイズを大量に生産・販売するという形態が定着していますが、お客さんの体格や要望に合わせて仕立てる「オーダーメイド」の受注生産方式を考えてみるとわかりやすいです。

スーツ1着を完成させるために、どんな原価要素がかかわっているでしょうか。

スーツの生地は、主要な材料ですから、直接材料費ですね。

これに対し、生地をつなぎ合わせたりボタンを付けたりするための糸や、針、型を下書きする紙や鉛筆、定規、作業場で仕事をするために使ういすや机、その他もろもろの物品類は間接材料費です。

つぎに、スーツの製作時間にその作業者の1時間当たりの賃金を掛けた金額は直接労務費になります。しかし、スーツをつくっていない時間（間接作業時間・手待ち時間）にかかる賃金や、事務担当者の給料などは間接労務費です。

さらに、スーツの製造の一部を外部の下請けに依頼している場合には、そのスーツの外注にかかった作業賃は外注加工費ですから直接経費です。そして、同じ経費でも、作業場の電気代、水道代、家賃、通信費、打ち合わせなどの交際費、設備の減価償却費など、受注した特定のスーツのためにいくらかかったか、常識的にはわからないものは間接経費です。

以上、製造間接費がどのようなものかをイメージしていただくために、洋服のオーダーメイドのケースを参考に、具体的な費目をあげてみました。

原価計算の理解を深めるコツは、「身近な事例で具体的にイメージすること」です。

ぜひ、覚えておいてください。

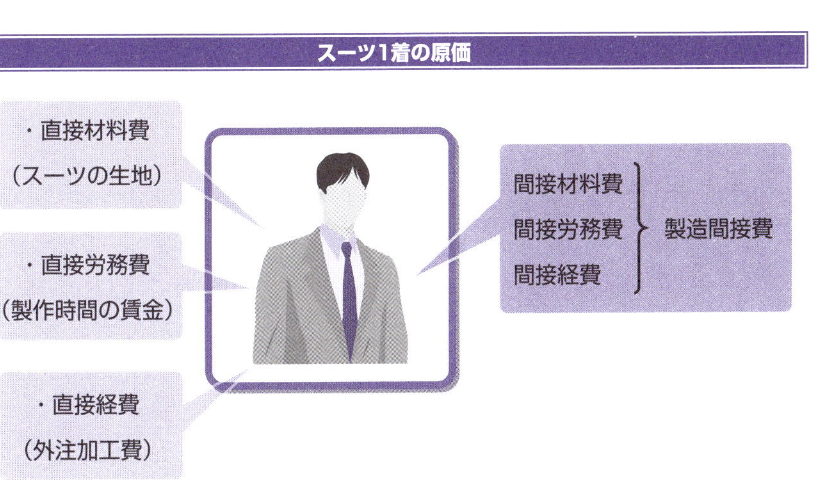

4-2
減価償却費の基礎知識

固定資産という財産があります。これは、建物や機械設備や車両や備品など、企業内で長期に利用され、数年にわたって徐々に価値が減少していくタイプの資産です。本節では、このような固定資産の性質に即した「減価償却」という会計手続を学んでいきます。

機械装置の耐用年数

ここで、重要な間接経費のひとつである**減価償却費**という費目について、理解しておきましょう。

減価償却費は、設備の支出額の一部が各期の費用として割り当てられた額のことです。

たとえば、2X18年4月1日に、1000万円の機械装置を購入したとしましょう。お金を払ったのも2X18年4月1日です。

そしてこの機械装置、買ってから10年間、使用に耐えられるとします。

この、見積もりの使用可能年数を「**耐用年数**」といいます。

では、ここで質問です。

質問：
2X18年4月1日に購入した機械にかかった支出額1000万円を、すべて2X18年度（2X18年4月1日～ 2X19年3月31日）の費用として1000万円計上してよいでしょうか？（解答制限時間1分）

はい、どうですか？

答えは、「NO！」です。

なぜか？

2X18年4月に購入してから、10年後の2X28年3月31日まで、10年間も利用する価値があるのです。

とするならば、今後10年間にわたってその費用を割り当てるのが筋ってものです。

減価償却の手続き

そこで、一つ条件を追加します。

条件：
購入した機械は10年後に取得原価（購入時の評価額）の10%で売却処分できる

こうすると、10年後には1000万円×10%＝100万円が戻ってくるという予想ですから、1000万円－100万円＝900万円だけ、費用となって価値が減っていくわけです。

「買ってから売却処分するまでの10年間で900万円の価値が減る（＝費用になる)」とするならば、今後10年間で900万円ですから、「900万円÷10年＝毎年90万円ずつ価値が減る」と仮定して、毎年90万円ずつ機械装置の評価額を下げていくのも、一つの合理的な方法ですよね。

このように、毎期一定額ずつ価値が減るとして、徐々に評価を下げていく計算方法を「**定額法**」といいます。

たとえば、この機械装置、買ったときが1000万円なら、1年後はマイナス90万円で910万円、2年後はさらに90万円を引いて820万円、というように、毎年90万円ずつ徐々に費用化していきましょう、というのが減価償却という計算手続きなのです。

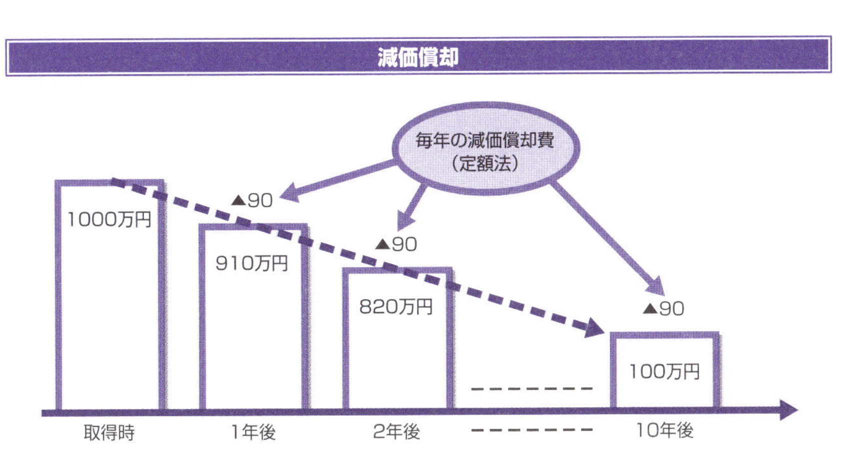

4-3 部門別の製造間接費の集計

工場のなかにはさまざまな機能があります。たとえば、材料を備蓄し、受け払いを管理する部門、工場内の従業員に関する身の回りをサポートする事務部門、現場で製品を製造する加工部や組立部などです。場所別に発生する製造間接費をどのように集計するかについて、かんたんにみていきましょう。

さて、製造間接費の各製品への配分は、間接材料費・間接労務費・間接経費を全部単純に合算し、その合計額を直接作業時間などの関連する実績データにしたがって行われる、ということは、おおよそ理解できたと思います。

結局、直接作業時間が多くかかる製品ほど、より多くの電気やその他の経営資源を消費しているだろう、という仮定に基づく計算なのです。

CD教材の販売を例として

そこで、つぎに、もう少し作業工程を詳しくみて、製造間接費の望ましい集計方法について考えてみましょう。私の事業例をとりあげてみます。

私は、教育事業の一環として、財務会計に関する「CD教材」や「DVD教材」を製作し、販売しています。

あるCD教材を例にとりますと、私が解説を吹き込んだマスターCDを「録音してラベルを貼る」スタッフ、および私が書き上げた教材を「印刷し、テキストとして製本する」スタッフ、さらに「CDとテキストを梱包し、発送までの作業を行う」スタッフの3段階で、それぞれのスタッフが働いているのです。そして、この3人は、それぞれ在宅で（各自の家で）作業できます。

そこで、CD製作部門をAさん、テキスト製作部門をBさん、梱包部門をCさんとすると、それぞれの作業場では、用いる機材、必要な作業や資材置き場のスペース、かかる電力料などが違うので、各部門での「**1時間当たりの製造間接費**（ラベルや消耗品や封筒などの間接材料費、電気代などの間接経費など）」が異なるのは、明白ですね。

製造間接費を求める部門別計算

たとえば、AさんのCD製作部門では1時間当たり1250円、Bさんのテキスト製作部門では1時間当たり1150円、Cさんの梱包部門では1時間当たり1500円など、どこで作業するかで、1時間当たりの製造間接費が変わるのが当然です。

それを、3人の間接費の配賦率を単純に平均して「(1250＋1150＋1500) ÷ 3＝1300円」として、それぞれの作業時間に1300円を掛けるような計算が正確とは、とてもいえません。

したがって、製造部門別に、製造間接費の**配賦率***を求め、それぞれの場所での費用を一つずつ計算して合算し、ある製品の原価を求める方法がとられます。これを**部門別計算**といいます。

正確な製造間接費を計算するためには、欠かせない手続きです。

CD教材原価の架空の計算例（ロット＝ひと固まりの生産量）

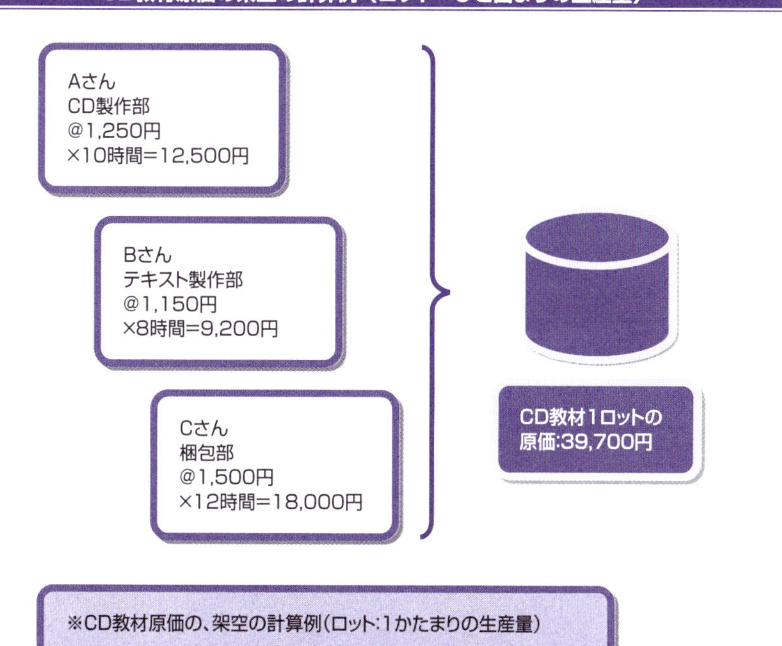

※CD教材原価の、架空の計算例(ロット:1かたまりの生産量)

＊　配賦の基準（時間数、生産量などの物量データ）1単位当たりの製造間接費。たとえば、直接作業時間1時間当たりの製造間接費など（87ページ参照）。

4-4 製造部門の設定基準

前節の部門別計算に関する手続を行う前提として、「工場内の部門」にはどのようなものがあるかを確認するのがここでのテーマです。製造部門と補助部門の違い、さらにはそれぞれの具体的な部門の例とその設定基準について、理解を深めていただきます。

製造部門と補助部門

部門別計算をする前提として、「物をつくる（製造する）部門」と「物をつくる部門をサポートする（補助する）部門」の2つに分けます。

最終的には「物をつくる（製造する）部門での1時間当たりの製造間接費」に、各製品にかかった作業時間を掛けて製品原価を求めるのです。

物をつくる部門を「**製造部門**」、製造部門をサポートする部門を「**補助部門**」といいます。

工場内での製造部門の例は「加工部門」「組立部門」、補助部門の例は「検査部」「修繕部」「工場事務部」「資材部」などがあります。

簡単にいうと、「検査部」「修繕部」「工場事務部」「資材部」などの補助部門費は、「加工部」や「組立部」などの現場の製造部のために消費されますので、「補助部門費から製造部門費へ加算」という費用の受け渡しがあります。

補助部門費の割り当て

もう少し具体的な例でいきましょう。

前節の柴山会計における「CD製作部門」「テキスト製作部門」「梱包部門」の3つの製造部門があるとして、彼らを後方からサポートする「事務部門」があるとします。

具体的には、各製造部で働く人の給料を計算して払ってあげるとか、作業場の不都合や要望がある場合に対応してあげるとかです。また、彼ら製造部門に対して、それぞれ必要な材料を供給する「資材部」なんていうのも必要ですね。CD製作部にはコピー用のCDとラベル、テキスト製作部門へは製本のための紙・インク・その他の文房具、梱包部門には筆記具・包装用の緩衝材・封筒などです。

そして、「事務部の費用」と「資材部の費用」は、なんらかの基準で3つの製造部に公平に割り当てます。

だから、CD製作部の1時間たり製造間接費が1250円だとしても、そのすべてがCD製作部独自に発生した費用ではなく、たとえばCD製作部自体の費用を1000円、事務部から割り当てられた補助部門費が140円、資材部から割り当てられた補助部門費が110円のように、配賦率に一部補助部門費が乗っかっているんだ、ということを知っておくとよいでしょう。

こうやって、製品の売価設定の基礎となる、製造原価の一部としての製造間接費が集計されるのです。

補助部門費と製造部門費

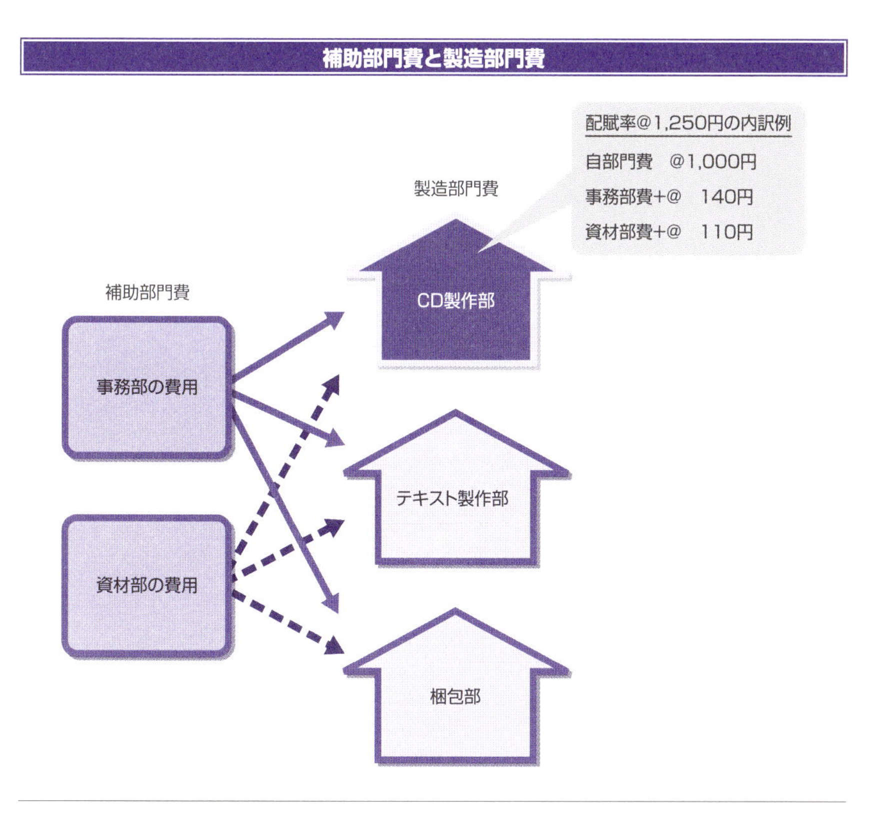

4-5 製造間接費の配賦計算の手順

ここでは、製造間接費の部門別計算の手順を、より細かく検討していきます。まずは、原価計算の全体像（大きな流れ）を再確認し、ついで部門個別費、部門共通費の各部門への集計の流れについて、一緒に見ていきましょう。

原価計算の全体像を再確認する

前節では、物をつくる過程で、「製造部門」と「補助部門」という2種類の役割がある、ということがわかりました。

ここで、やや細かい話が続いたので、ちょっと原価計算の全体像を再確認しましょう。

原価計算の全体像（大きな流れ）

(1) 工場（物をつくる場所）でかかるコスト（費用）を、「材料費」「労務費」「経費」の3要素に分ける。

(2) この3要素をさらに直接費と間接費に分け、「直接材料費・直接労務費・直接経費」はその発生額を直に各製品に集計し、「間接材料費・間接労務費・間接経費」は「製造間接費」というグループ費目に集約し、まとめて直接作業時間などのデータをもとに、便宜的に各製品に配分（配賦）する。

(3) 各製品に集計された原価のうち、完成したものは、製品として扱われ、未完成のものは仕掛品と呼ばれる。

以上です。

そして、製造間接費のグループを把握するときに、工場全体で一括把握するよりは、柴山会計における「CD製作部門」「テキスト製作部門」「梱包部門」のように製造部門を分けて、それぞれにおける配賦率をきめ細かく決め、各製品に製造間接費を配分した方がより正確な製造間接費の原価集計ができる、というお話なのです。

部門個別費と部門共通費

そして、本節以降のテーマでは、製造間接費を部門別に集計するときの手順について、基本的なところを理解していただきます。

まず、各部門には、部門特有の費用である「**部門個別費**」と各部門にまたがって発生する「**部門共通費**」があります。部門共通費の例としては、工場ならば、各部門が同居する建物の減価償却費や維持費などがそうですね。

もし、柴山会計の各部門の人が、同じ建物の中にいたら、その建物の家賃なども、部門共通費です。

部門個別費は、その部門でかかる人件費、消耗品費など、さまざまです。

部門個別費はそのまま各部門に集計し、部門共通費は何らかの物量データをもとに、各部門へ配分します。

たとえば、共用建物の減価償却費、家賃、固定資産税などは、建物の占有面積比が適当な配分基準（配賦基準）ですね。

こうして、各部門費が集計されたら、前節のような、補助部門から製造部門への費用の配分（配賦）がつぎに行われるのです。

原価計算手順のおおまかな流れ

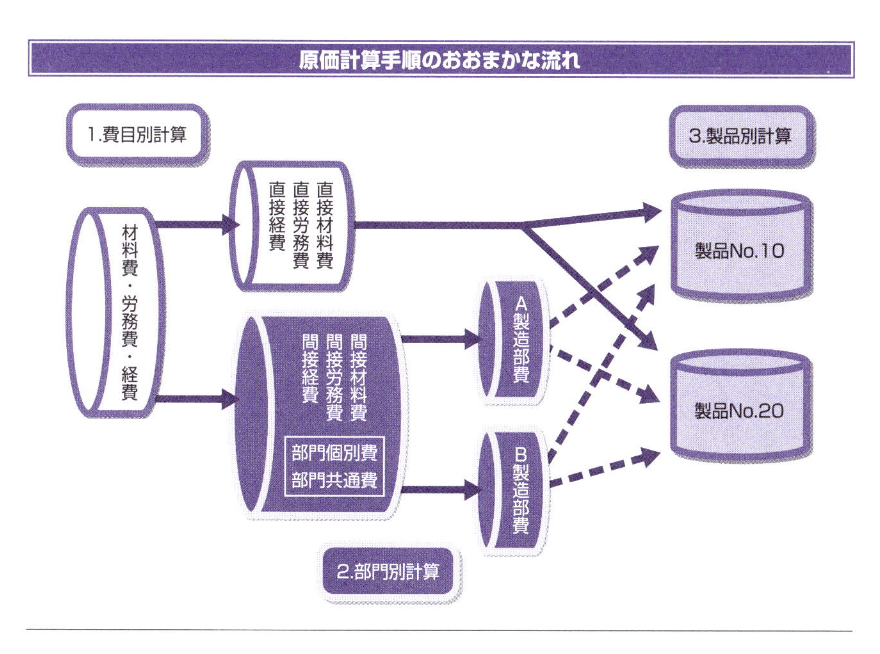

4-6 製造間接費の実際配賦計算①

配賦計算の手順について学んだところで、つぎに実際の計算練習をしてみましょう。簡単な計算例を自分で解いてみることで、言葉のうえだけの理解が、より実感として深い理解へとつながっていくはずです。

配賦率と製造間接費の配賦計算

配賦率とは、簡単にいうと「製品をつくるための1時間当たりの製造間接費」です。

では、この配賦率、どうやって計算するのでしょうか。

ここでは、簡単な計算例を用いて、実績に基づく配賦率と製造間接費の配賦計算を勉強しましょう。

[計算例]

A工場では、部品を製作する部品部門と、できあがった部品を組み立てて製品をつくる組立部門の2つの部門があります。

(1) 各部門における、部門個別費と部門共通費はつぎのとおりです。
　部門個別費　部品部門800万円・組立部600万円
　部門共通費　建物の減価償却費600万円

(2) 部門共通費の各部門への配賦基準は建物の占有面積で、工場全体500㎡のうち、部品部門は200㎡、組立部門は300㎡を占めます。

(3) 当月の実際直接作業時間（製造間接費の配賦基準）は、部品部門が520時間、組立部門が640時間です。

この部品部門、組立部門の実績に基づく配賦率（1時間当たりの製造間接費）を、それぞれ求めてみましょう。

手順1 部門共通費を各部門に配分する

部品部門への配賦額 (600万円÷500㎡)×200㎡=240万円

組立部門への配賦額 (600万円÷500㎡)×300㎡=360万円

手順2 各製造部門費を計算する

部品部門 部門個別費800万円+部門共通費240万円=1040万円

組立部門 部門個別費600万円+部門共通費360万円=960万円

手順3 各製造部門の実績に基づく配賦率を求める

部品部門 当月1040万円÷当月520時間=2万円/時間

組立部門 当月960万円÷当月640時間=1.5万円/時間

以上のように、部品部門の実績に基づく配賦率が**2万円**、組立部門の実績に基づく配賦率が**1万5000円**と算定されました。

それぞれの配賦率は、当月の製造実績に基づく**実際配賦率***といいます。

もちろん、毎月の製造間接費発生額と直接作業時間は変動するので、毎月の実際配賦率は、微妙に異なるのが一般的です。

当月の実績に基づく実際配賦率(計算例)

摘 要	部品部門	組立部門
部門個別費	800万円	600万円
部門共通費	240万円	360万円
製造部門費	1040万円	960万円
直接作業時間	520時間	640時間
実際配賦率	2万円/時間	1.5万円/時間

* その月の製造間接費実際発生額を実際に測定された配賦基準の数値(実際の直接作業時間数など)で割った金額。たとえば、1直接作業時間あたりの製造間接費など。

4-7 製造間接費の実際配賦計算②

前節では、製造部門ごとに実際配賦率を算定するところまでやりました。ここでは、製造部門ごとに求められた実際配賦率を用いて、各製品へ製造間接費を配分（配賦）する計算手続について学習します。

実際配賦の方法

前節で、部品部門の実際配賦率を2万円と計算し、組立部門の実際配賦率を1万5000円と計算しました。

これを、言葉で表現しなおすと、つぎのようになります。

「当月における製造間接費の実際発生額は、部門個別費が800万円+600万円＝1400万円、部門共通費が建物の減価償却費600万円で、合計2000万円であった。そして、建物の占有面積に応じて各部門に部門共通費を配分したので、部品部門には240万円、組立部門には360万円が配賦された。

したがって、部品部門費は800万円+240万円＝1040万円、組立部門費は600万円+360万円＝960万円と計算された。

一方、部品部門における当月の実際直接作業時間が520時間だったので、1040万円÷520時間＝2万円が部品部門の実際配賦率であった。

また、組立部門における当月の実際直接作業時間が640時間だったので、960万円÷640時間＝1.5万円が組立部門の実際配賦率であった。」

各製品の製造間接費を集計する

なお、ここで追加資料として、当月は製品No.101と、製品No.102と、製品No.103の3台の製品を製造したとしましょう。

（1）製品No.101は、部品部門で160時間、組立部門で210時間作業しました。

（2）製品No.102は、部品部門で175時間、組立部門で200時間作業しました。

（3）製品No.103は、部品部門で185時間、組立部門で230時間作業しました。

さて、各製品に集計するべき製造間接費の額を求めてみてください。

答えは、つぎのとおりです。
（1）製品No.101　160時間×2万円+210時間×1.5万円=635万円
（2）製品No.102　175時間×2万円+200時間×1.5万円=650万円
（3）製品No.103　185時間×2万円+230時間×1.5万円=715万円

このようにして、場所ごと（部門別）に作業時間×実際配賦率を出して、各製品に集計するべき製造間接費を求めます。

毎月の実際発生額を毎月の実際直接作業時間で割って、1時間当たりの実際配賦率を求め、その実際配賦率に基づき直接作業時間を掛けて各製品の製造間接費を求める方法を、**実際配賦**といいます。

製造間接費の集計

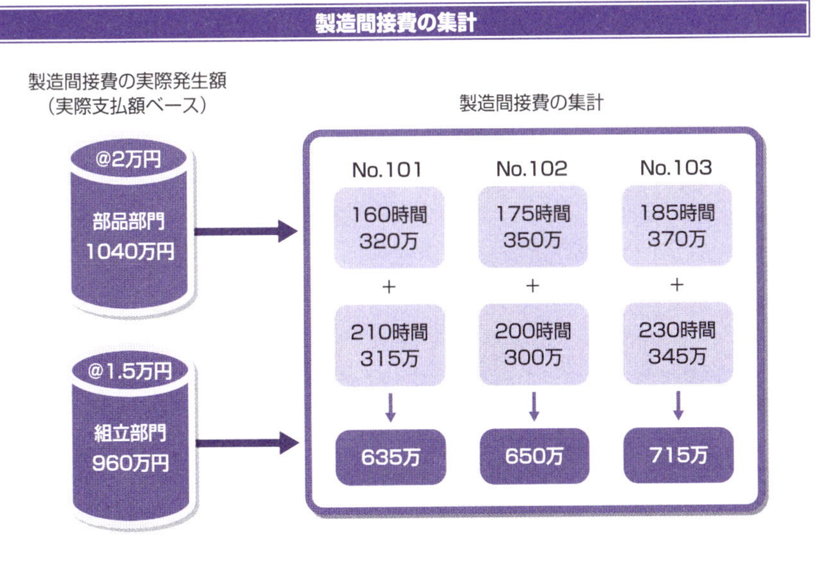

4-8 製造間接費の正常配賦計算

実際配賦による計算方法の短所は「計算の遅延」と「偶然性の混入」にあります。このような不都合を解消するために、本節では、「正常配賦（予定配賦）」による計算方法をご紹介します。理論的には、正常配賦をもちいることで、製造間接費を正確に計算することが望ましいといえます。

あるべき配賦率

実際配賦による計算方法の短所は、すべての製造間接費の実績が集計し終わってからでないと、実際配賦率も出せないし、毎月、同じ作業時間でも偶然の状況で実績値が変動することも多く、偶然の事情で、実際配賦率もブレが生じたりします。

このような「計算の遅延」や「偶然性の混入」を防ぐために、あらかじめ当事業年度または上半期・下半期単位で継続的に適用する「あるべき」配賦率を求めておき、それに各月の実際直接作業時間を掛けて各製品に製造間接費を集計する、という方法がとられることが多いです。

この「あるべき配賦率」によれば、毎月、偶然性の混入による配賦率のブレの心配もないですし、なにより、実際配賦率を計算するまでの過程で、当月の実際製造間接費発生額の集計完了を待たなくてよいから、計算を迅速に行うこともできます。

このように、計算の迅速性などのメリットにより一般に採用されることの多い「あるべき配賦率」のことを、「**正常配賦率**（または**予定配賦率**）」と呼びます。

正常配賦率の計算方法

正常配賦率の計算方法は、つぎのとおりです。

正常配賦率＝正常（予定）製造間接費発生額÷配賦基準

配賦基準は、直接作業時間・機械運転時間など、製造間接費を各製品に配分するときのよりどころとなる物量データのことです（なお、参考までに配賦基準として、時間数の代わりに生産量を用いることもあります）。

ここで、事例を考えてみましょう。前節の計算例で、部品部門の正常配賦率を1万8000円、組立部門の正常配賦率を1万4000円とすると、製品A、製品B、製品Cへの正常配賦額はそれぞれいくらになるでしょうか。

製品A 部品部門1.8万円×160時間＋組立部門1.4万円×210時間＝582万円
製品B 部品部門1.8万円×175時間＋組立部門1.4万円×200時間＝595万円
製品C 部品部門1.8万円×185時間＋組立部門1.4万円×230時間＝655万円

以上が、各製品への配賦額です。

正常配賦額を求める

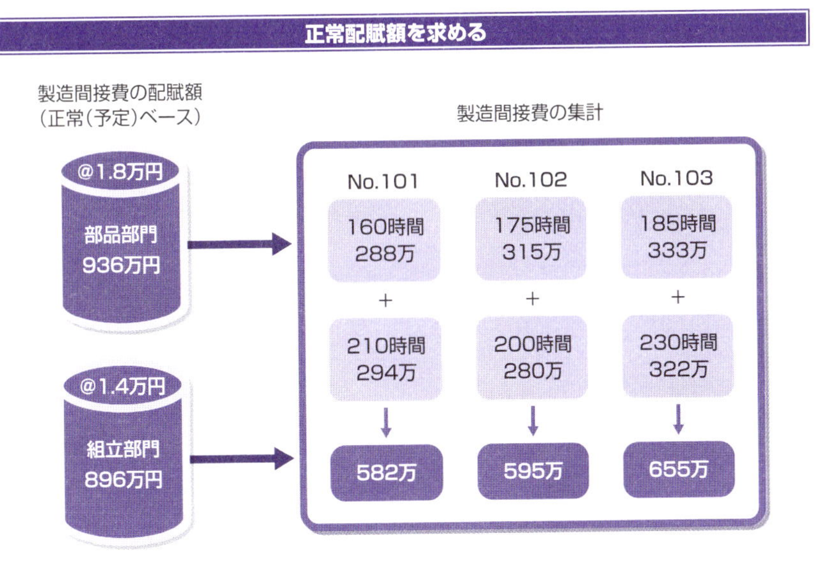

4-9 正常配賦額と実際発生額の差異

製造間接費を正常配賦すると、あらかじめ決められた正常配賦率または予定配賦率に直接作業時間（ときには生産量）を掛けた正常配賦額（予定配賦額）は、その月の実際発生額と合わないのが普通です。そこで、正常配賦額と実際発生額の差をどのように理解し処理したらいいのか、について本節では事例を挙げて説明をしています。

正常配賦額と実際発生額に差がある場合

ある月の正常配賦額（予定配賦額）と実際発生額の差は、どのように考えたらよいでしょうか。

ここで、柴山会計の解説CD製作のケースを考えてみましょう。

ある教材の解説CDを、柴山会計では、自前のパソコンで録音しているとします。

細かい話をしますと、CD1枚の原価は、市販のものなら国内産で約160円もします。つまり、音声を吹き込む音楽用CDは、5枚セットで800円なのです。これが、国外製のものだと、10枚で600円くらいですから、ばかばかしくなるくらいの価格差です。

CDは主要材料なので直接材料費として、CDケースを仮に間接材料費としましょう。

不利差異の発生

仮にある事業年度の間接材料費（CDケース代）を、1枚20円と予定したとします。

そして、ある月で60枚のCDをコピーしたとしますと、予定の製造原価（間接材料費部分）は、20円×60枚＝1200円となります。

しかし、その月は、たまたまいつものCDケースが品切れだったとします。

そこで、しかたなく隣町のパソコンショップへ出かけて代替品のCDケースを60枚、購入しました。

しかし、やはりいつもの仕入先ほどは安くなく、1枚24円だったとします。

すると、その月の実際の間接材料費は24円×60枚＝1440円となり、予定間接費1200円より240円も浪費してしまいました。

このように、追加コストのような差異を**不利差異**といいます。

この不利差異は、翌月に繰り越して、各月の差異額と合算し、事業年度の決算書を作成するときに、「売上原価」という、売上高に対する仕入コストの費目の一部に加えるのです。

実際発生額と正常配賦額の差異

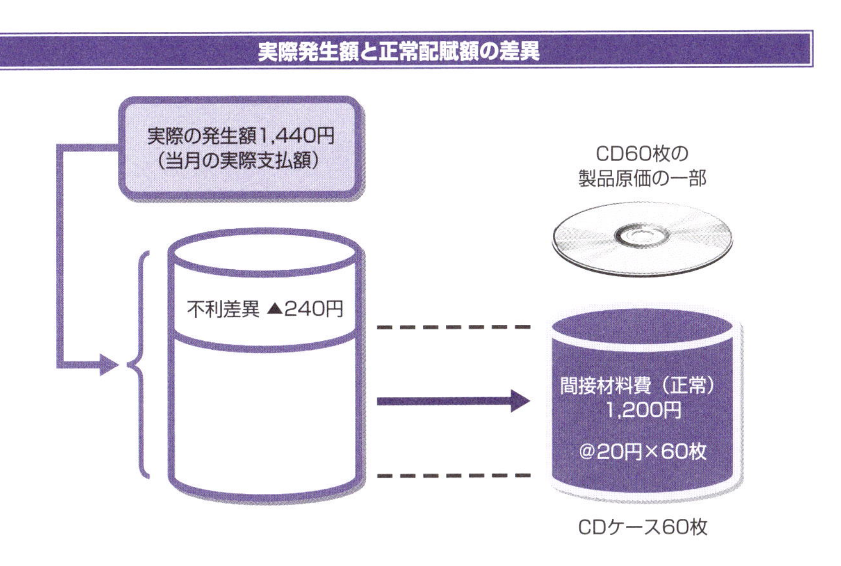

4-10
予算管理の入門知識

製造間接費の管理方法として、予算管理の方法が有効です。つまり、目標となる生産量ないし直接作業時間を決めて、その操業水準に対応する製造間接費の額を見積もることにより、のちに集計する製造間接費の実績と比較し、差異の原因を分析する手続です。本節では、この予算管理の入門知識について学びます。

前節で製造間接費（間接材料費）の配賦差異が240円発生した、というところまではOKですね。

で、ここからがちょっと応用的かつ実践的な話なのですが、製造間接費を管理するための「**予算管理**」という手法について、勉強していきましょう。

「お菓子工房」のケース

たとえば、あるマンションの一室を借りて、手作りお菓子の製造・販売業を経営するとしましょう。

その事業の名称を「お菓子工房」とします。

その工房であるマンションの家賃は、月5万円です。水道光熱費は、話を簡単にするために固定で毎月1万円とします（本当は、使用量部分の変動料金もあるのですが、ここは細かいところは無視）。このような、毎月一定額発生する費用を「**固定費**」といいます。

そして、お菓子をつくるための主要原料・直接労務費はちょっと無視して、消耗品であるティッシュ・ペーパー、各種の食器や容器、サランラップなどの間接材料費が、お菓子10セットにつき、平均で1000円かかると仮定します。このように、生産量などに比例して発生する費用を「**変動費**」といいます。労務費はすべて直接労務費で、間接労務費はありません。ここまでのデータを整理しますと…

毎月の家賃＝固定で5万円（間接経費）
水道光熱費＝固定で1万円（間接経費）

間接材料費＝10セット当たり1000円

間接材料費10セット当たり1000円という金額は、正常配賦率の一部と考えることにします。

操業度に対応する製造間接費から予算を割り出す

月間の目標生産量は400セットです。お手伝いしてくれるパートの人を2人雇って、1か月当たり1人200セットずつつくってもらいます。

週休2日として月に20日のお仕事。一日当たりの生産量は、1人当たり10セットですね。

10セット×2人×20日＝月400セット。

そして、出勤時間は、午後1時から5時までの4時間としましょう。

さあ、かなりイメージが湧いてきました。

そこで、1か月に目標生産量400セットを達成した場合の製造間接費を予測してみましょう。

間接材料費　(400／10セット)×@1000円＝4万円
間接経費　光熱費1万円＋家賃5万円＝6万円
400セットの生産量に対する予算額　合計10万円

いかがですか。

予算というのは、目標となる生産量ないし直接作業時間を決めて、その**操業度**＊に対応する製造間接費の額を見積もることにより、計算することができるのです。

予算を決めることを、「**予算編成**」といいます。

＊　操業水準ともいう。詳しくは「4-18　操業度の種類」を参照。

「お菓子工房」の400セット生産における予算額

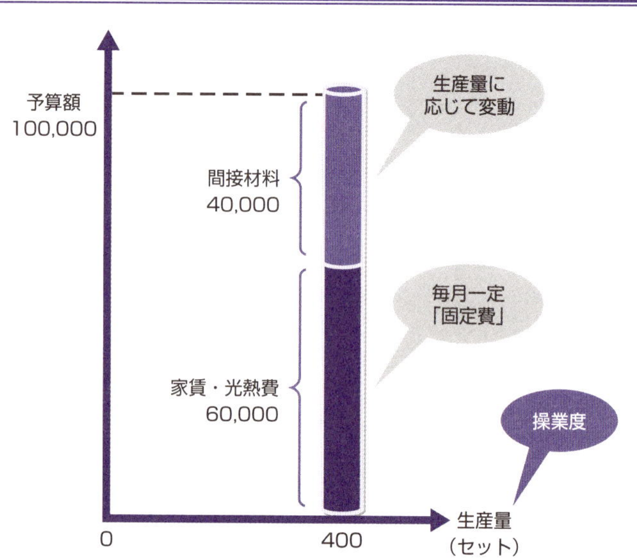

4-11 変動予算

予算管理の概要がイメージできたところで、つぎに、より具体的な予算の手法について検討していきましょう。まずは「変動予算」という手法です。簡単にいえば、操業水準（生産量、作業時間など）の増減に比例して増えたり減ったりする予算額の設定方法です。

では、前ページの続きです。お菓子工房の400セット生産における予算額の図解を、もう一度確認しておきましょう。

変動予算の予算許容額を求める

ここで、4月1日が新年度のスタートとして、4月の実績と5月の生産実績をみてみましょう。

4月1日～4月30日の生産実績

生産量　350セット
間接材料　生産量に比例して発生するが、まだ実費はいくらかかったか集計中。
家賃・光熱費　毎月定額なので6万円

5月1日～5月31日の生産実績

生産量　380セット
間接材料　生産量に比例して発生するが、まだ実費はいくらかかったか集計中。
家賃・光熱費　毎月定額なので6万円

これらのデータから、4月の予算と5月の予算を計算することができます。原価計算では、予算額のことを「予算許容額」といいます。

4月の予算
間接材料費予算　350セット×（1000円／10セット）
＝3万5000円

家賃・光熱費　6万円（定額）
4月の予算許容額　9万5000円

5月の予算
間接材料費予算　380セット×（1000円／10セット）
＝3万8000円
家賃・光熱費　6万円（定額）
5月の予算許容額　9万8000円

このように、4月は350セットの操業度（生産量）で予算許容額が9万5000円、5月は380セットの操業度（生産量）で9万8000円となります。操業度の増減によって、予算額も変動する予算の組み方を、「**変動予算**」といいます。

変動予算

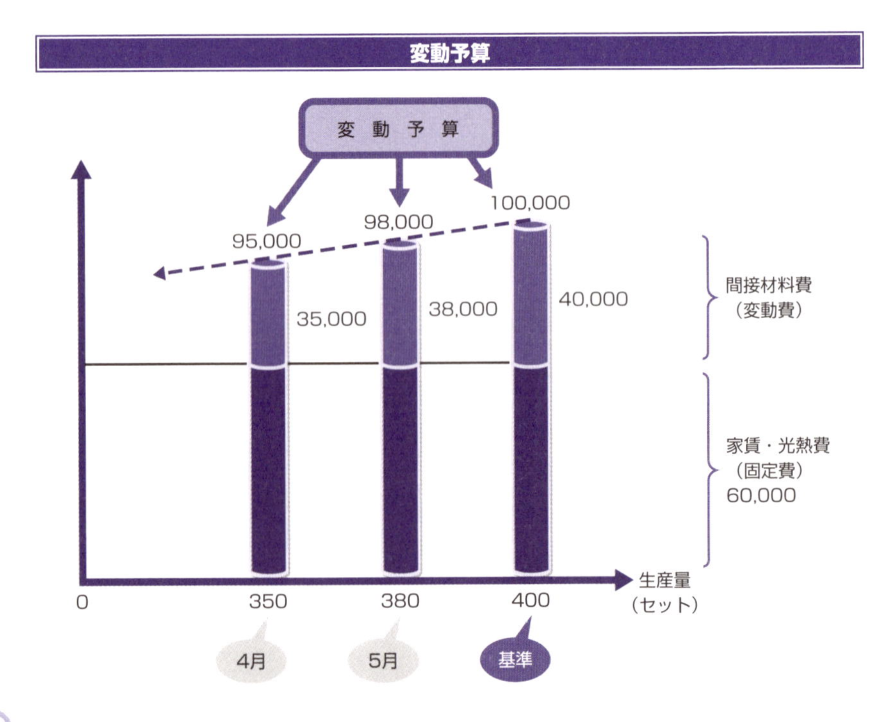

4-12 固定予算

前節は、変動予算という手法を学習しました。ここでは、操業水準の上下にかかわらず、予算額を常に一定として考える「固定予算」について学習します。変動予算に比べ、実態を忠実に反映できませんが、その反面、手続が簡便です。

固定予算を導入する意図

ここでは、**固定予算**というもう一つの予算設定方法を見て行きます。

4月の生産実績と5月の生産実績は、ともに同じとします。

前節の変動予算の場合は、家賃・光熱費といった定額の固定費だけでなく、操業度（生産量）に比例して増減する間接材料費という変動費を区別して把握しました。

この変動費部分は、10セット当たり1000円、いいかえれば1セット当たり100円の変動製造間接費として認識できたわけです。

だから、この変動費部分を区別して、4月の生産実績350セットのときと5月の生産実績380セットのときで予算額を変動させることができました。

実態を正しく反映する、という意味では、この変動予算が望ましいのですが、変動予算は計算がちょっと細かくて手続きがわずらわしい、という側面もあります。

また、場合によっては、費用のほとんどが実質的に固定費で占められている業種や、毎月の操業度にほとんどブレがないようなところもあるかもしれません。そのような状況にあったら、いくら現場で細かく変動予算により計算したって、どうせたいして予算額に差がないのだから、むしろ簡単に毎月の予算を固定化して管理した方がいい、という発想になってもおかしくないですよね。

つまり、4月の生産量が350セットであっても、5月の生産量が380セットであっても、400セットの基準値における予算額10万円を予算許容額として、支出管理してもいいじゃないか、という方法です。

毎月の操業度の増減に関係なく、一定額を予算許容額とする管理方法を、「**固定**

予算」といいます。

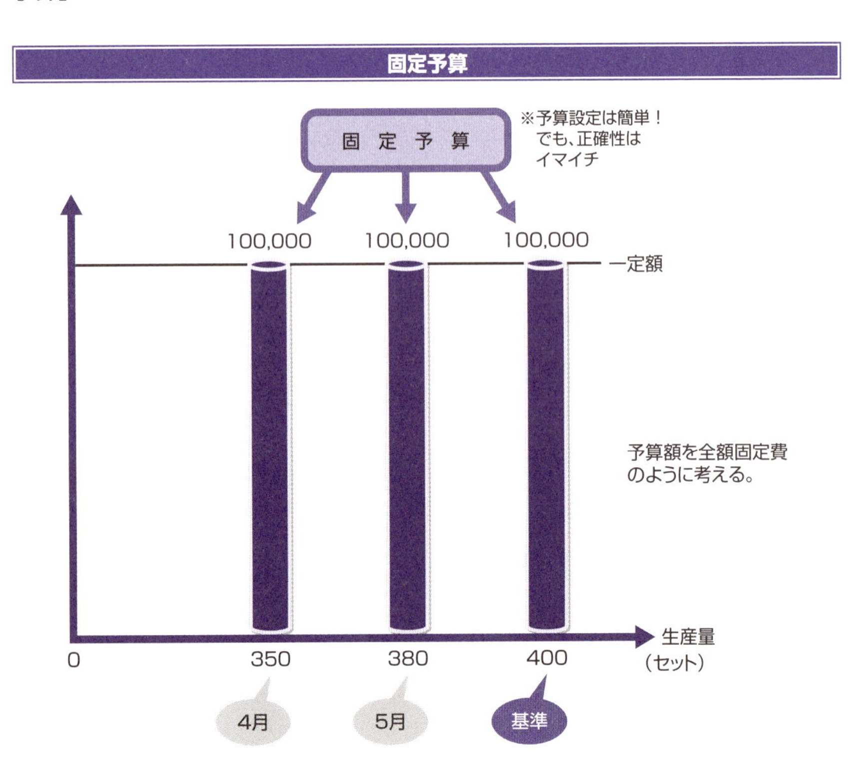
固定予算
固 定 予 算
※予算設定は簡単！
でも、正確性は
イマイチ
100,000
100,000
100,000
一定額
予算額を全額固定費
のように考える。
0
350
380
400
生産量
（セット）
4月
5月
基準

4-13
変動予算における予算差異

本節からは、しばらく製造間接費の差異分析に関する話が続きます。予算差異は、ある操業水準における変動予算額と実績額の差額です。簡単に言えば「変動予算という制度の下での予算オーバーの額」ということです。計算例で一緒に確認してみましょう。

変動予算における予算差異分析のやり方

さて、変動予算に話を戻しますと、毎月の操業度（生産実績）によって、各月の予算許容額（目標となる製造間接費の額）が明らかになります。

そこで、お菓子工房の4月の実績を計算し、それに変動予算に基づく予算許容額を比較してみます。

予算許容額は、変動費3万5000円（100円／セット×350セット）＋固定費6万円＝9万5000円です。

4月の製造間接費の実費（実績）
間接材料費　実際消費額は3万6800円
家賃・光熱費　毎月定額で6万円
※今月の半ばに、一時、いつもの仕入先の包装材が品切れになり、割高な代替品を利用したため間接材料費がかさんだ。

以上より、4月の実際発生額は3万6800円＋6万円＝9万6800円と計算されます。

これで、4月における予算許容額と実際発生額の差が求められます。

4月の350セットの生産における予算許容額9万5000円－4月の実際発生額9万6800円＝▲1800円（予算オーバー）

この予算許容額と実際発生額の差（1800円）を「**予算差異**」と呼びます。

予算差異は、変動予算のもと、「ある操業度（ここでは生産量）における予算許容額を実績がどれくらい超過しているか、あるいは下回っているか」を表す指標です。

予算マイナス実績ですから、実績の方が少なければプラスの数字が出て、節約効果があったことになります。反対に、実績の方が多ければ、マイナスの数字が出て、コストが予算よりも余計にかかったという判断ができるわけですね。

変動予算における予算差異

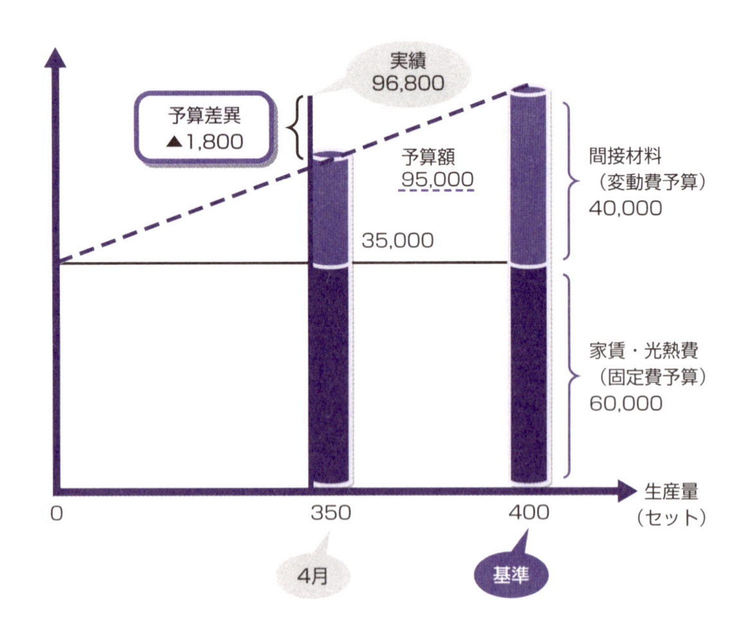

4-14 固定予算における予算差異

前節に続いて、予算差異の論点です。さきほどは変動予算という枠組みのなかで予算差異を計算しました。ここでは、固定予算すなわち操業度の変動に関係なく一定額を予算額とする制度ですので、どの操業水準であっても実績と比較するべき予算額は同じです。そのあたりの特徴を踏まえて、予算差異の金額を求めてみましょう。

固定予算における予算差異分析のやり方

今度は、固定予算における予算差異分析のやり方を、ご紹介します。

固定予算は、毎月の操業度（生産実績）がどれくらいであっても、各月の予算許容額（目標となる製造間接費の額）が変わらず一定である、という予算設定の方法でしたね。

そこで、やはりお菓子工房の4月の実績を計算し、それと固定予算を比較してみます。

予算許容額は、生産量が350セットであっても、生産量400セットという基準値となる生産量の水準で設定した10万円と同額になります。

4月の製造間接費の実費（実績）
間接材料費　実際消費額は3万6800円
家賃・光熱費毎月定額で6万円
※今月の半ばに、一時、いつもの仕入先の包装材が品切れになり、割高な代替品を利用したため間接材料費がかさんだ。

以上より、4月の実際発生額は3万6800円＋6万円＝9万6800円と計算されるのは、変動予算のケーススタディーと同じ条件ですね。

これで、4月における固定予算による予算許容額と実際発生額の差が求められます。

4月の予算許容額10万円－4月の実際発生額9万6800円＝＋3200円（予算未満の実績）

面白いことに、今度は、実績が予算を下回ったために予算よりも節約した、という結果になってしまいました。

予算額が400セットという、生産実績よりも多い生産量で高めの設定になっているのが原因です。

やはり、予算差異は、変動予算の方が、適正に実態を表示しそうです。

固定予算における予算差異

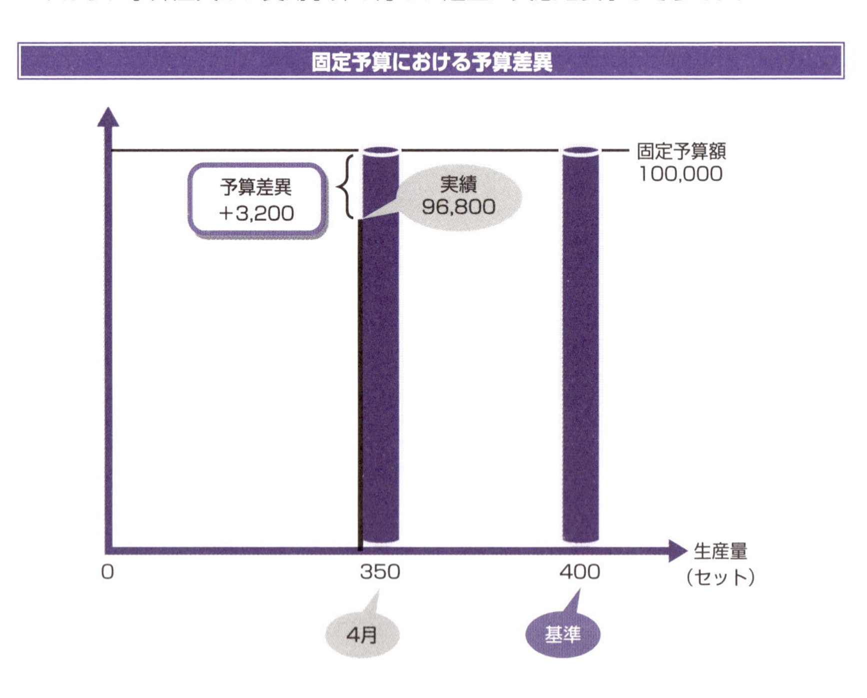

4-15
変動予算における操業度差異

操業度差異は、製造間接費差異を構成する2つ目の差異です（1つめは予算差異）。そして、操業度差異は、「遊休時間に対してかかっている固定費の額」にほかなりませんから、固定費率の算定が前提にあります。そのあたりの計算手順を、本節の計算例で確認してみてください。

さて、変動予算による管理手法の話に戻りましょう。念のため、この先を読み進める前に、もう一度「4-13 変動予算における予算差異」の項目をご一読されることをおすすめします。

それで、変動予算における予算差異が1800円であることが確認できました。

固定費の処理

つぎに、固定費の方を見ていきたいと思います。

「4-7　製造間接費の正常配賦計算」のところでも述べましたとおり、正常配賦という計算方法をとった場合、**正常配賦率**、**操業度**、**配賦額**の関係は以下のようになります。

正常配賦率（1個当たり、または1時間当たりの製造間接費）×その月の操業度（数量または時間数）＝製造間接費の各製品への配賦額

たとえば、配賦基準が生産数量（個、セット数など）として、基準の生産量400セットに対する予定製造間接費が10万円なら、10万円÷400セット＝250（円／1セット）となります。

つまりこの場合、1セットつくるのに、250円のコストをかけるのが予定されているのです。

ここで問題があります。

変動費は、400セットよりも少なければ、それに比例して支払額も減りますが、固定費は、400セットの時と同じ6万円を、常に支払わなければなりません。つまり、固定費は、400セットをフルに生産して、初めて元が取れる費用なのです。1セット当たりの固定費は、6万円÷400セット=150（円／1セット）です。

たとえば、4月のように350セットしかつくれなかったら、それだけ作業場の部屋の利用度合いは少ないのだから、家賃や光熱費も150円×350セット=5万2500円しか払いたくないですよね。でも、「当月は生産量が半分だから、家賃も半分にしてください！」なんていえないです。

操業度差異の分析

だから、作業場を十分に活用できていない50個の生産不足に対しても、垂れ流し、浪費している固定費を計算する必要があるのです。

固定費の正常配賦額5万2500円（@150円×350セット）から固定費予算額（=支払額）6万円を差し引いた▲7500円（製品をつくらなくてもかかってしまう固定費）。

これを**操業度差異***といいます。

固定費の正常配賦額－固定費予算額=操業度差異

結局、製品350セットの製造にみあう正常コスト@250円×350=8万7500円と実際の支払額9万6800円の差額▲9300円は、予算差異1800円と操業度差異7500円の2つの原因から構成されているわけなのです。

* 基準操業度（想定されるフル操業）に対し、実際の操業度に過不足がある場合の、その遊休時間または過剰時間に固定費率をかけた差額。固定費部分の差異である。

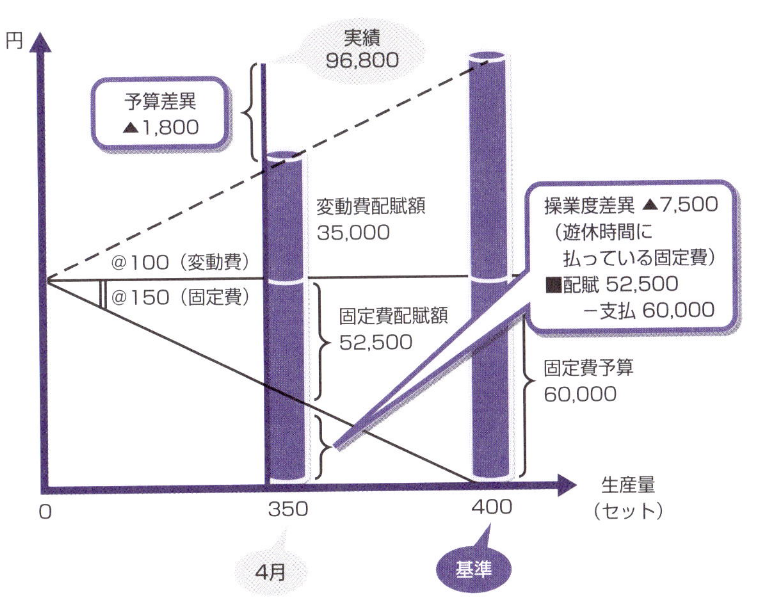
変動予算における操業度差異
円
実績
96,800
予算差異
▲1,800
変動費配賦額
35,000
@100（変動費）
@150（固定費）
固定費配賦額
52,500
操業度差異 ▲7,500
（遊休時間に
払っている固定費）
■配賦 52,500
－支払 60,000
固定費予算
60,000
0
350
400
生産量
（セット）
4月
基準

4-16 固定予算における操業度差異

固定予算といった制度の下では、いうなれば製造間接費はすべて「固定費」とみなしているようなものです。したがって、固定予算における操業度差異は、「製造間接費の配賦率×遊休時間」という計算式になりますね。そう考えると、変動予算の時に比べて、操業度差異の計算額が大きくなりがちなのが一つの特徴です。

変動予算よりも操業度差異の求め方は簡単

変動予算のケースで操業度差異を勉強すれば十分ではあるのですが、ここは参考知識として、固定予算における操業度差異も勉強しておきます。

つくっただけ売れる、ということを前提に考えるなら、「生産不足」が生じることは、ビジネスチャンスを逸することになります。

また、400セットつくることを想定して毎月固定費を支払っているのに、たとえば300セットしかつくれなかったら、生産不足分の100セットに対して支払わなければならない固定費は、はっきりいって無駄です。

この、予定に対する生産不足とか遊休時間とかにかかる固定費を「操業度差異」というのでした。

ここで、固定予算の場合を考えてみましょう。

そもそも、固定予算というのは、製造間接費をすべて固定費のようにみなして予算管理する手法ですので、予算額（全額が固定費）の10万円と正常配賦額（固定費）8万7500円の差額が、操業度差異となります。

考え方さえ間違えなければ、かえって変動予算よりも操業度差異の求め方は簡単なのです。

なお、固定予算の場合、400セットの生産における10万円はすべて固定費のように考えますから、10万円÷400セット＝250（円／1セット）が、固定費率となりますね。固定予算では、正常配賦率がすなわち固定費率という考え方です。

なお、4月の正常配賦額は、250円×350セット＝8万7500円で、変動予算の場合と変わりません。この点は、前節と見比べて、確認しておかれるとよろしいでしょう。

固定予算における操業度差異

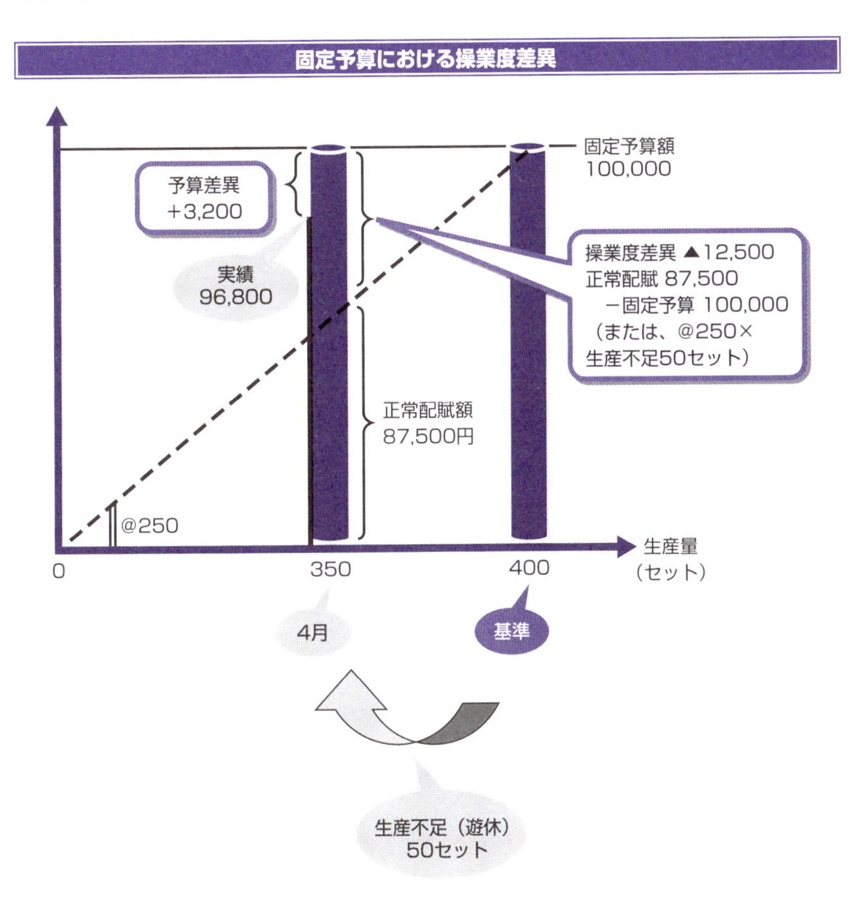

4-17

予算差異と操業度差異のまとめ

さて、製造間接費の差異分析に関するまとめです。予算許容額（予算額）と実績の差額、すなわち製造間接費差異は、予算差異と操業度差異の合計と考えてみると、わかりやすいですね。そのあたりの総括的な話を理解していただければ幸いです。

差異分析の必要性

製造間接費は、間接材料費、間接労務費、間接経費などの種々雑多な費用が寄せ集まった費目グループです。したがって、それぞれの費目をまとめて、「毎月の目標生産額」を設定し、「その月の実際の費用額」と比較して、両者の差異がどのような原因によるかを分析・検討する必要があります。

そこで、毎月の製品生産額「正常配賦率×操業度（生産量や作業時間など）」を、その月の実際の費用額（支払額等）が上回れば、なぜ生産額以上に費用がかかったのかを原因究明しなければなりません。

たとえば、前節までの事例で詳細に取り上げたお菓子工房の例だと、4月の生産実績350セットに対し、正常配賦率250円（変動費率100円＋固定費率150円）を掛けて8万7500円の製品生産額がありました。いいかえるならば、お菓子工房の4月は、350個で8万7500円の製品価値を創造した、と考えられます。それならば、支払いも8万7500円にしたいところですね。

しかし、一つには生産量が基準（目標）の400セットより減っても、定額支払わなければならない固定費6万円の存在があったり（操業度差異）、間接材料が品切れで一時的に割高の代替品を使用しなければならなかったり（予算差異）などの理由で、正常配賦額（＝生産額）と実際の支払額に差が生じています。

正常配賦額8万7500円－実際発生額9万6800円＝▲9300円

このような、実績が正常配賦額を上回る目標オーバーの差額を**不利差異**といいます。逆に、実績が正常配賦額を下回れば、コストの節約になるので**有利差異**といいます。

変動予算と固定予算の違い

なお、お菓子工房における9300円の不利差異の原因は、間接材料費の予算オーバー1800円、および固定費である家賃・光熱費6万円（本来は400セットの生産を見込んだ費用）と350セットに対する固定費の正常配賦額5万2500円（固定費正常配賦率150円×350セット）の差額7500円の2つの差異によるものでした。これは、**変動予算**という、実態を反映した予算管理手法の場合に求められる結果です。

そのほか、**固定予算**という、製造間接費を変動費と固定費には分けず、すべて固定費とみなして予算管理を行う簡便な方法がありました。この方法によれば、400セット生産における固定予算10万円が予算許容額になりますので、予算差異は、10万円−9万6800円＝プラス3200円と、逆に有利差異になります。ここが、変動予算との大きな違いです。また、操業度差異は、正常配賦額8万7500円と固定予算額10万円の差で1万2500円の不利差異となりますね。

このようにみていくと、変動予算の方が実態に近い管理手法で、固定予算は簡便的だということが分かります。

差異分析と変動予算・固定予算

	変動予算	固定予算
予算差異	▲ 1,800	＋ 3,200
操業度差異	▲ 7,500	▲12,500
総差異	▲ 9,300	▲ 9,300

4-18 操業度の種類

第4章の最後として、基準となる操業度（生産設備の利用度合い）の決め方について、学習することにしましょう。生産設備をめいっぱい利用したとした場合の操業水準を基準操業度とするか、需要予測に基づいて現実的な操業水準を基準操業度とするかによって、配賦率の数値が変わってきます。

いままで、とくにあらたまった説明なしに、「**操業度**」という言葉を使ってきましたが、ここでこの操業度について、基本的な知識を身につけておきましょう。

あらためて「操業度」とは？

操業度＝工場内の生産設備を一定とした場合の、その利用度合い

たとえば、私は以前、ちょっとした実験で、一時期たいやき屋さんを経営したことがありますが、あの商売では、鉄板とガス代が大きな設備でした。

たいやきを焼く鉄板は、普通の大きさのたいやきならば、一列で6個くらいつくれます。それを2列分焼ける大きさのガス代だと、20万円から30万円でしょうか。中古なら、もっと安いかもしれません。

ちなみに、本格的なたいやき屋さんだと、一つずつを一つの型の鉄板で丁寧に焼く「一本釣り」という手法で焼きます。こうなると、職人の世界で、「生地作りで1年」とか、「焼き方を教えてもらうまで下積み」みたいな世界だと思います。一流店ともなると、こだわりがあるのですね。

たいやきの焼き台を1セットで今年も来年も営業するなら、「生産設備を一定とした場合」に相当します。生産設備を同じと仮定して、という意味ですね。

さらに、その利用度合い、といえば、たとえばたいやきの焼き台ならば、ゆっくりやって1回転（12個焼き）で15分でしょう。つまり、1時間で48個が生産可能量になります。1日5時間焼いたとすると、1日の最大生産可能量は240個です。

月間の基準操業度の求め方

ここからは、**月間の目標とするべき操業度（基準操業度）**の求め方の話です。

1か月の営業日数を25日とするならば、1日240個×25日＝6000個が最大生産可能量です。このように、理論的に生産可能な最大操業度を「理論的生産能力」といいます。

操業度は生産量または作業時間で表現することが多いので、たいやき屋さんの例なら、月間の理論的生産能力は6000個、または6000個×（1時間／48個）＝125時間と表現されます。

しかし、理論的にはそうでしょうが、月の途中には、定期点検とか、修繕とか、停電とか、その他の不可避的な（＝さけられない）遊休時間があります。それをさしひいた現実的な操業度を「**実際的生産能力**」といいます。

期待実際操業度の求め方

また、このように、設備の純粋な生産能力ではなく、需要予測に基づく基準操業度の決め方があります。**期待実際操業度**という方法です。これは、向こう1年くらいの需要量を予測して、それに基づいて目標の操業度を決める方法です。

たとえば、向こう1年で6万3360個のたいやきが売れると予想されたとしましょう。年間の操業時間は6万3360個÷48個＝1320時間です。月は1320時間÷12か月＝110時間です。生産量ベースなら、110時間×48個＝5280個ですね。これが、期待実際操業度における基準操業度になります。

操業度の種類

理論的生産能力	理論的に達成可能な最大の操業度
実際的生産能力	上記に、不可避的な遊休時間を加味した操業度
期待実際操業度	向こう1年の短期需要予測に基づく操業度
平均操業度	向こう5年くらいの長期需要予測に基づく操業度

ある知人との会話　～後篇～

相談に来た知人（洋風レストランの経理担当）の話によると、赤字を垂れ流す銀座店からは、思い切って撤退するのが一番の解決策であると考えているようです。しかし、古い付き合いのあるレストラン経営者本人を説得させることができません。

(88ページコラム「ある知人との会話 ～中篇～」のつづき)

****

柴山　「店舗別の損益計算書とか、キャッシュフロー計算書とかを、その経営者に見せれば一発じゃないですか。」

知人　「それがその…お恥ずかしい話ですが、これまで、上司にいわれて前の担当者が作った方法をみようみまねで作ることはしていたのですが、キャッシュフロー計算書を使って、どのように経営者を説得していいのやら、ポイントがわからないんですよ。」

柴山　「いいですか。この場合のキャッシュフロー計算書は、本業の収支を、売上収入・仕入支出・人件費支出・その他の経費支出に分けて、それらを必要に応じ組み替えて比較することで、同業平均、黒字企業平均と比較し、自社の強み・弱みを洗い出すのが最も重要なポイントなんです。
そして、月次でキャッシュフローを追っていくと、決算月から2か月後の税金支出のように、毎年、ある時期に支払がどーんと大きくなるときがあります。
その大枠も把握して、数か月前から、いくらずつ資金を貯めればいいか、というような事前計画もたてられる重要な指標なんです。」

知人　「なるほど。そうやって、収入と支出を色分けし、さらに月次で推移を見るのですか。」

柴山　「それから、日経新聞などで、マクロ的な経済の体制を的確にとらえておくべきです。つまり、経営環境の変化を先取ることです。資源価格の高騰や、上場企業の求人増加などは、将来のインフレを予感させます。
さらに、中小企業の売上高営業利益率は、平均で約2%ですから、来年、

5%も諸経費がインフレで高騰すれば、一発で利益なんて吹き飛んでしまいます。黒字企業でさえそれくらい微妙ですから、そのレストラン事業などは、ますます大きな打撃を受けますよ。」

知人　「…！？」

柴山　「簡単にいうと、経営者としては、計数感覚をもう少し磨く必要があるようです。ともかく、すぐに去年のキャッシュフローを、キチンと詳細にあたっておくべきでしょう。」

知人　「わかりました！　さっき柴山さんが教えてくれた人件費の比率や家賃の比率、さらには月次の推移で、キャッシュが苦しくなっているポイントを、洗い出してみます。そして、現実を突きつければ、友人も、ことの重大さを認識して、事業構造の転換に本気になって取り組んでくれるかもしれません。」

柴山　「戦争と比較するのもなんですが、およそ、この世の意思決定で一番難しいのは撤退です。だから、私は100万円以上を投資して、以前、タイヤキ屋を使って撤退のシミュレーションをしたんですから。

ちなみに、『拙速』、ということばがあります。ヤバイ、と思ったときにすばやく行動することで、そのタイミングが遅れると、ほんとうに億単位の借金を負って人生の致命傷を負いかねません。

下り坂に差し掛かった荷車は、最初は下へ落ちる速度は低いので、片手でも止められますが、あるていど下り坂を下がっていってしまうと、加速がついて、もはや一人の力では止められなくなり、大事故に発展してしまいます。下り坂に直面しても、加速がつく前にとめれば、軽傷で済むから、次の手が打てます。まずは、守りを固めたらいかがでしょうか。」

知人　「そうですね！　本当に貴重なアドバイス、どうもありがとうございました！　…あ、ここのコーヒー代は、おごらせてください！」

****

——かくして、コーヒー1杯の簡易経営指導（？）を終えたのでした。

以上の会話には、非常に学ぶべき点が多々含まれています。

ここで、いくつかの例を挙げてみます。

(1) 簿記の高度な技術を知っていても、財務分析には、ほとんど応用できていないケースが非常に多い。
(2) 簿記の知識を必要最低限身につけたら、どんどん決算書を読みこんで、実践経験を踏むことの方が大事。
(3) たとえば、家賃と売上高の比較で、その立地が割に合うかどうかの判断をするなど、業界特有の重要な経営指標を、武器として持つことは、自信を持った経営を行うには、決定的に重要である。
(4) ある事業を単体で評価するのはもちろんだが、全社の事業を合算した、連結ベースの財務分析・経営判断は、やはり必要不可欠となる。
(5) キャッシュフロー分析は、収入と支出を細目別に色分けして比較するという視点、および月次推移で、自社の支出が集中する時期を見極め、資金計画を事前に立てるためにこそ、存在する。
(6) 店舗経営・事業所経営というミクロの視点だけでなく、それをとりまくマクロ経済の視点は、実は会社の財務数値に見えない影響を及ぼすので、普段から時事問題には、絶対に関心をもつべきである。

このように、原価管理をはじめとする経営分析は、コスト面、売上面、経営環境面などの分析を含め、非常にトータル的で威力のある経営ツールとなりえるのです。

第5章

製品ごとの原価計算

原価計算の手続は、「費目別計算→部門別計算→製品別計算」という３つのステップがあります。この第５章では、第３のステップである製品別計算について、「個別原価計算」と「総合原価計算」という、代表的な原価の配分計算方法を学習いたします。

5-1 製品別に原価を集計することの意味

原価の計算と工業簿記（＝製造業における記帳手続）とは、密接な関連があります。まずは、原価計算の意義と工業簿記の意義を改めてここで確認し、とくに工業簿記の目的である財務諸表の作成や利益の計算のため、原価計算が非常に重要な役割を担っているということを理解していただきたいと思います。

原価計算と工業簿記の関係

原価計算とは、ある製品の原価を集計する手続きのことです。

原価計算手続きで集計された各製品の原価が、決算日に在庫として残っていれば会社の財産（資産）として会計処理され、得意先に販売されていればその年度の売上原価というコストとして会計処理されます。

この「各製品にかかったコスト（製品原価）を、在庫として残ったか、得意先に販売されたかの違いによって2通りの会計処理を行う記帳プロセス」を、**工業簿記***というのです。

原価計算＝各製品のコストの集計手続き

↓

工業簿記＝各製品を期末の在庫か売上原価かに振り分ける記帳手続き

以上が、原価計算と工業簿記の関係となります。

したがって、工業簿記の最終目的である決算書（財務諸表）の作成手続きを行うための基礎データづくりとして、原価計算が行われるわけです。

コストを費目別に各製品に振り分ける

ここで、ちょっと具体的に考えてみましょう。

たとえば、ある工場で直接材料費が300万円、直接労務費が90万円、直接経

* 商品売買を対象にした商業簿記に対して、製造業、つまり材料の仕入れ、製品の製造・販売といった活動を行う会社を対象とした簿記。

費が90万円、製造間接費が120万円だとしましょう。

当月の総製造費用は、300+90+90+120=600万円です。

これだけの原価をかけて、当月は3台の工作機械をつくりました。この工場は、個別にお客さんから受注を受けて、それぞれの要求する仕様に基づいて、工作機械を製造・納品していたのです。

各製品をそれぞれ、製品A、製品B、製品Cとしましょう。600万円の費目別における各製品への集計額は、つぎの図示で見ていただくとして、ここでは総額で示します。

Aへは220万円、Bへは195万円、Cへは185万円でした。このA～Cの製品は190万円のコストが平均値ですが、Aは一部作業の失敗があり、補修費用がかかったとします。

ここまでが原価計算です。

そして、AとBが販売され、Cは製品倉庫で在庫となりました。

AとBの合計415万円が売上原価（当期の費用）、Cの185万円が製品在庫（期末の資産）として決算書に表示されます。

つまり、当月の総コスト600万円を、費目別に正確に各製品に振り分け、その後の売上原価の表示と在庫の評価に役立てる、という重要な役割が製品別の原価計算にはあるのです。

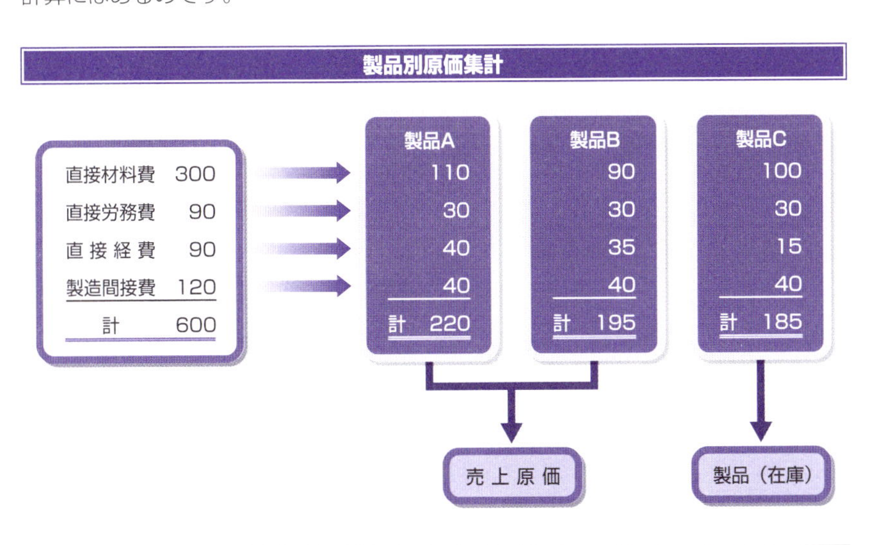

5-2 個別原価計算

受注生産形態に適している原価計算方法を個別原価計算といいます。受注生産形態をとった場合は、原価を直接材料費、直接労務費および直接経費に分類し、間接材料費・間接労務費・間接経費の3つの間接費を製造間接費として集計します。さらに各費目から個々の製品へと原価を集計するプロセスを、本節でイメージできるようになってください。

個別原価計算と総合原価計算

各原価計算期間（各月）にかかった原価を、製品別に割り当て、販売されたものは「**売上原価**」、販売されなかったものは「**製品**」として会計処理する、というおおまかな流れは理解できましたね。

つぎに、その企業が製品を1品ずつ受注して生産する**個別受注生産形態**なのか、近い将来の需要を予測して標準品を見込みで生産する**大量見込み生産形態**かによって、製品原価を集計する手順・プロセスに、大きな違いがでてきます。

一品ごとの受注生産形態に適している原価計算方法を**個別原価計算**といいます。一方、大量見込み生産形態に適している方法を**総合原価計算**といいます。

受注生産形態に適した個別原価計算

前節「5-1 製品別に原価を集計することの意味」の計算例でみた製品A ～ Cの原価の集計プロセスは、受注生産形態をとる個別原価計算制度の集計方法です。

受注生産形態をとった場合は、原価を直接材料費、直接労務費および直接経費とまず分類し、間接材料費・間接労務費・間接経費の3つの間接費を製造間接費として集計します。

つぎに、直接材料費、直接労務費および直接経費は各製品に直接集計し、製造間接費は、第4章で詳しく学習したように時間数や生産量や直接労務費などの配賦基準で、各製品に便宜的に配賦します。

そうして、1品ごとにていねいに各費目を集計するのが、個別原価計算の特徴なのです。

繰り返しになりますが、個別原価計算は、製品へのきめ細かな原価の振り分け手続きを要しますので、製品ごとに製造命令が出されます。特定製造指図書という書類が発行されます。個別原価計算に適する業種は、造船業、建設業などが一般的です。

ロット別個別原価計算

ただし、後でご説明する大量見込み生産の形態でも、個別原価計算は可能です。

たとえば、100個というひとかたまり（**ロット**といいます）を製造ナンバー「A10」のように、あたかもひとつの大きな製品としてみなせば、1ロットが全部完成して「受注品1ロットが完成」のように直接材料費・直接労務費・直接経費・製造間接費をきめ細かく集計することが可能になります。

このような、標準品をひとかたまりにして個別原価計算する手続き方法を**ロット別個別原価計算**といいます。

ご参考までに、知っておいてください。

個別原価計算がしやすい業種・生産形態

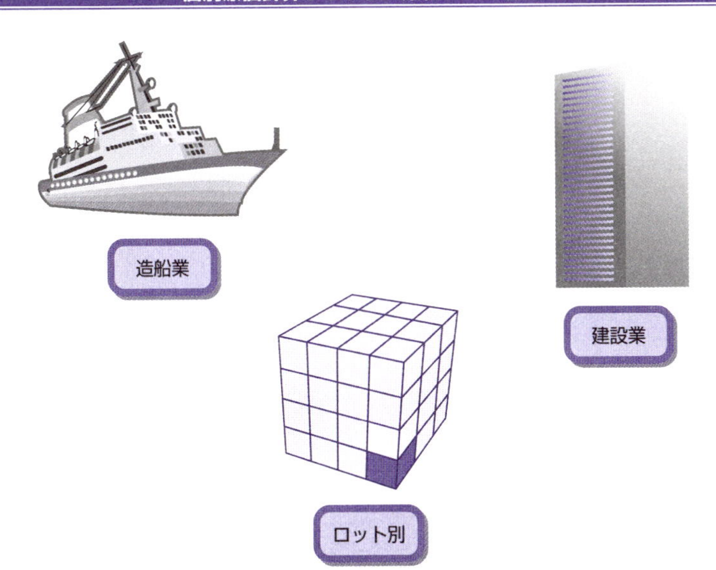

5-3 仕損があった時の処理（個別原価計算）

仕損とは、製品の製作に失敗して、その一部または全部が不合格品となることです。不合格品が出た場合、その後の処置の仕方としては3通りあります。この3通りの仕損について、原価計算の手続がどのように異なるかという点に注意して学習していきましょう。

ものごとには、パーフェクトということがめったにないわけで、どんなに注意深くしていても、製品を製造する過程で、ある程度の**仕損**（しそんじ）が生じてしまいます。

仕損とは、製品の製作に失敗して、その一部または全部が不合格品となることです。不合格品が出た場合、その後の処置の仕方としては3通りあります。

補修可能なケース

1つ目は、**補修によってすぐに原状回復**するようなケースです。

このような場合は、追加の主要材料や補修に要した補修剤や消耗品などの材料費、補修作業に要した労務費、補修のためにかかったその他の経費などをすべて集計し、仕損費として、補修をした基の製品ナンバーに加算すればよいわけです。

一部仕損のケース

2つ目は、**製品の一部が不合格**となった場合です。

このケースを考えるには、ロット別個別原価計算の場合などが分かりやすいと思います。

たとえば、電卓でもパソコンでもプリンターでもなんでもいいのですが、1ロット100台で生産する工場があるとして、「ロットナンバー 201の100台」のうち90台は合格品であり、10台は不合格品だったとします。このロットナンバー201のなかの10台は補修不能としても、残りの90台はすでに合格していますので、現時点では「ロットナンバー 201は一部仕損」の状態といえます。

この場合、失敗した10台だけ代品を製作して補えばよいですね。もちろん、原則として失敗作10台のコストは、ロットナンバー201に加算されますが。

つまり、一部仕損は、代品製作のコストをもとの製品ナンバーに負担（加算）させてやることになります。

全部仕損のケース

3つ目は、**全部仕損**のケースです。これはもうどうしようもないので、まったく新しい製造ナンバーを発行して、つくり変えるしかないですね。その原価を代品の製造ナンバーに全部負担させることもあるでしょうが、異常な原因によるものならば、製品原価には集計されず、別の費用項目で損益計算書という財務諸表に表記され、売上原価とは区別して処理されます（この点はケース2の一部仕損でも同じです）。

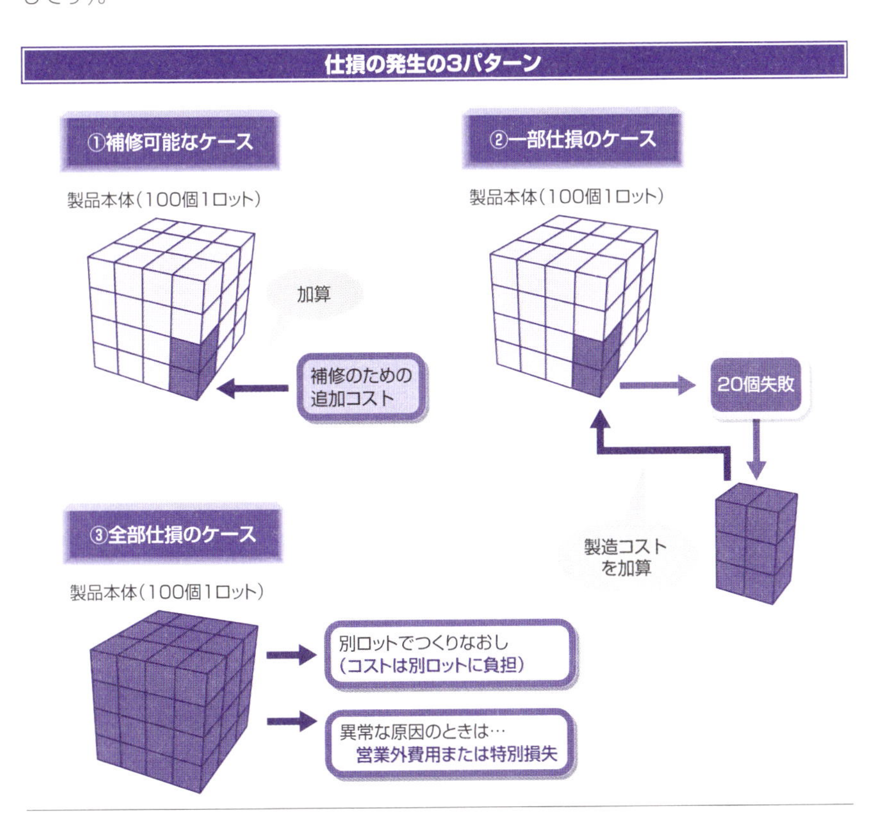

5-4 総合原価計算とは

総合原価計算は、原価計算の中心的論点の一つですので、少しずつでいいですから、しっかりと理解してください。

「加工費」としてざっくり計算する

総合原価計算とは、標準品を多量に連続生産する形態で適用される原価計算の手続きです。化学工業、鉄鋼業、製糸業、電気機器製造業、自動車産業など、身近な製品について、総合原価計算が用いられることが多いです。

個別原価計算のように、1品ごとに直接材料費・直接労務費・直接経費・製造間接費という4種の費目をきめ細やかに集計する、ということは総合原価計算では行いません。

「**直接材料費**」「**加工費**」という、たった2つの費目でざっくりと計算します。

つまり、買ってきた原材料に加工して、製品として価値を高めていくのが物をつくる過程なのですから、加工の過程でかかる費用、すなわち直接労務費・直接経費・製造間接費はまとめて「加工のプロセスで原材料に価値を加える費用」と考え、「加工費」と呼んでまとめて取り扱うのです。

たい焼きの総合原価計算

たとえば、たい焼き。

たい焼きの主な原料は、小麦粉とあんこと卵の3種類です。

たい焼き1個は、だいたい100グラムくらいの重さで、あんこは50グラムくらいです。ここからは、実際とはちょっと数字を変えてありますが、あんこを1キロ300円とすると、100グラムで30円、50グラムで15円といったところでしょうか。たい焼き1個のおなかの中に入っているあんこは15円です。周りの皮も15円くらいです。あんこと皮で30円。たい焼きの売価を1個100円とするならば、原価率30%で、おおむね飲食業の平均原価率と同じになります。

いかがですか？

原料費は30円。それに加工費と利益が乗っかって100円です。

ざっとですが、おそらく、労務費や電気代･ガス代などの経費が40円くらいでしょうから、「原料費＋加工代＝70円」くらいが、たい焼き1個の製造原価率としては、想定の範囲内でしょう。実際は、いろいろ工夫して、もっと原価を下げるとは思いますが。

標準品を大量生産するときは総合原価計算

このようなたい焼きの例をみても分かるように、標準品を大量生産するような形態の製造業では、単純に「**原材料**」と「**加工のための諸費用**（直接労務費＋直接経費＋製造間接費）」と2つに分けて考えたほうが、計算も簡単でわかりやすいのです。

もちろん、個別原価計算のように加工費を3つにばらして細かく計算しても、結果は加工費1本のときと大差ありません。

だったら、手続きが簡単な方で行きましょうよ、というお話なのです。

なお、売価と原価の関係を一度確認しておきますと、以下のように表現できるのです。

個別原価計算と総合原価計算

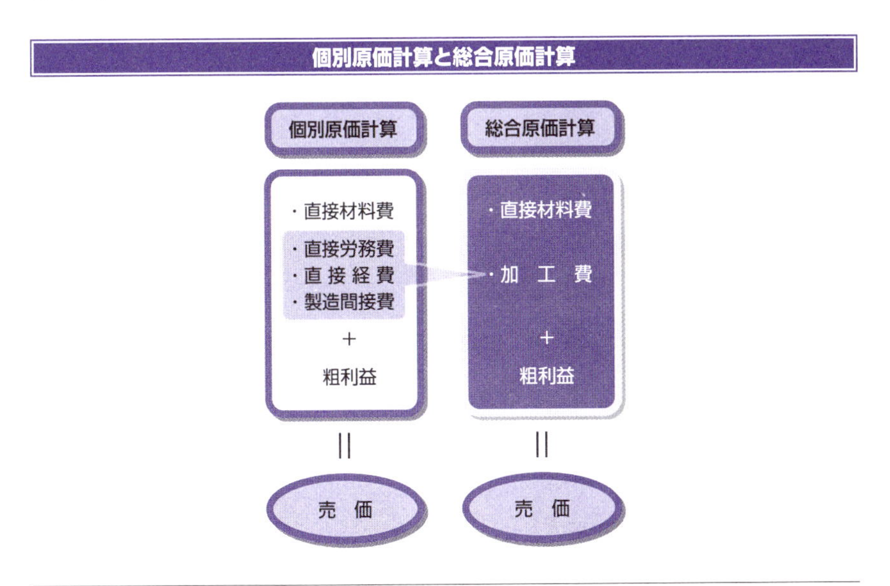

5-5 総合原価計算の種類

総合原価計算には、大きく単純総合原価計算、組別総合原価計算、等級別総合原価計算及び連産品の4種類があります。それぞれの原価計算手続に見られる製造現場の特徴をイメージしながら、読み進めていってください。

製品の関連性による分類

総合原価計算は、大量に連続生産する形態に適した原価計算の方法です。

さらに、生産する複数製品の関連性にしたがって、大きくつぎの4つに分けられます。

(1) 単純総合原価計算

同種の製品を、連続して生産する場合の製品原価の計算方法です。もっとも基本的な計算手続きで、つぎの(2)以下の計算方法も、この単純総合原価計算がベースにあります。

(2) 組別総合原価計算

同一工程で、異種の製品を連続生産する場合に用いられる計算形態です。電化製品におけるオーブンと電子レンジとか、種類の違う自動車などをつくるなどが、これにあたるでしょう。

(3) 等級別総合原価計算

同種の製品を製造し、形状・大きさ・品位などで等級別に区分するような製品形態で採用される計算方法です。例えば、TシャツのLサイズ・Mサイズ・Sサイズがあたります。

(4) 連産品原価計算

同一工程・同一原料から製造される異種の製品ですが、いずれも製品として販売できるもので、はっきりと主従を区別できないものを連産品といいます。

もしも、異種の製品の一方が主たる製品で、それに対し、製品価値が著しく劣るようなものを副産物といいます。

このように、単一の種類の製品原価を計算する「単純総合原価計算」という計算手続きをベースとして、「組別総合原価計算」「等級別総合原価計算」「連産品計算」の3つのような生産形態への計算手続きの応用があるわけです。

また、各種の原価計算方法をとったとしても、それぞれについて単一の工程しかない場合と複数の工程がある場合の計算があります。

単一の工程しかないと仮定する原価計算を、**単一工程総合原価計算**といい、複数の工程がある原価計算を**工程別総合原価計算**といいます。

さらに、工程別総合原価計算にも、すべての費用を工程別に計算する通常の工程別総合原価計算のほかに、加工費（直接労務費＋直接経費＋製造間接費）のみを工程別に集計する**加工費工程別総合原価計算**というやり方もあります。

ご参考までに、加工費工程別総合原価計算は、最初の工程の始点（スタート時点）ですべての材料を投入し、あとはこれに加工を加えるだけ、という生産形態に適していると言われています。

総合原価計算の種類

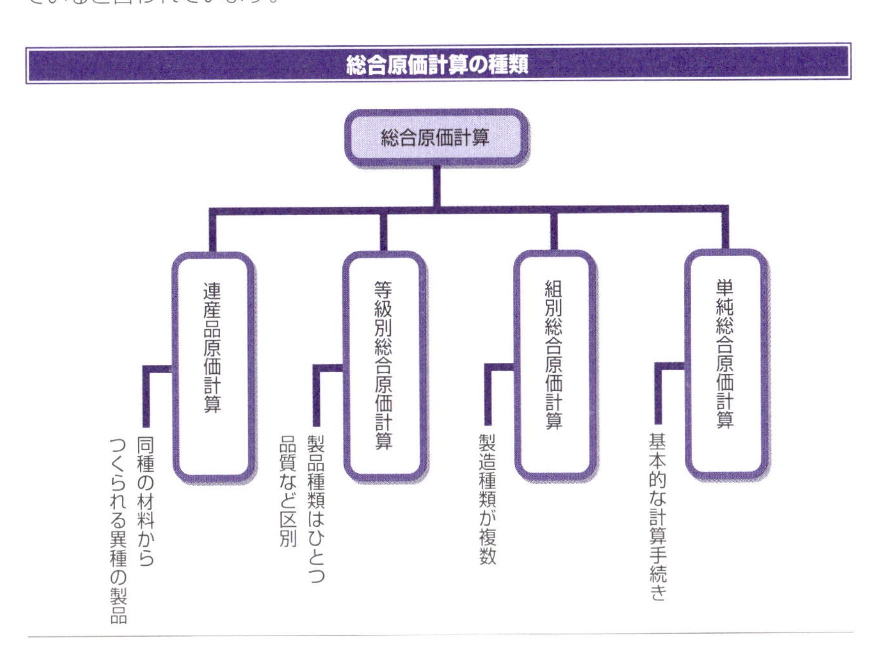

5-6 仕掛品の計算①—直接材料費

仕掛品（しかかりひん）とは、工場内で製造中の品物のことです。いいかえると、未完成品のことです。どんな製品も、必ずいったんは「仕掛品（未完成品）」という状態を通過します。ゼロからいきなり完成、ということは通常ありえないですね。本節からしばらくは、仕掛品への原価の集計方法と、完成品への原価配分の手続を学びます。まずは直接材料費です。

完成品と未完成品の把握

総合原価計算では、製造原価を**直接材料費**と**加工費**の2つに分けます。

そして、工程の始点（スタートの段階）ですべて材料を投入する場合、この始点で投入された材料と、加工が進むにしたがってすこしずつ製品にかかる額が増えていく加工費では、仕掛品1個当たりの費用のたまり方が異なります。

たとえば、ある工場での5月における1か月の直接材料費が1000万円として、100個の製品の生産に着手したとします。そして、1か月後、月末時点での製品生産量を確認しますと、完成品が80個、半分だけ加工した未完成品（仕掛品）が20個だとします。ちなみに、加工の進み具合を**加工進捗度**といいます。この場合は、半分だけ加工が進んでいるので、「加工進捗度50%」といいます。

月末仕掛品の評価額は？

始点投入の直接材料費の場合、製品100個の製造に着手した段階で、完成品だろうが未完成品だろうが、1個当たりにかかっている材料費は、変わらないはずです。

計算してみますと、5月におけるその製品の1個当たり直接材料費の額は、

1000万円÷100個＝10万円／個、です。

これに、当月の月末仕掛品数量20個をかけると、月末仕掛品20個の評価額（直接材料費部分）は、200万円となります。

当月の完成品原価を出す

完成品原価として評価される直接材料費の投入額の計算は、つぎのようになります。

当月完成品原価＝当月投入額（当月製造費用）－月末仕掛品原価

当月投入額1000万円から月末仕掛品原価200万円を引いた「800万円」が、当月の完成品原価となります。つまり、総合原価計算の手続きとしては、まず**月末仕掛品の原価**を求め、つぎに**当月の製造原価**から**月末の仕掛品原価**を差し引いて当月の完成品原価を出す、という手順を踏むことを覚えておきましょう。

このような手順は、つぎに学習する加工費でも同じです。

直接材料費の仕掛品計算

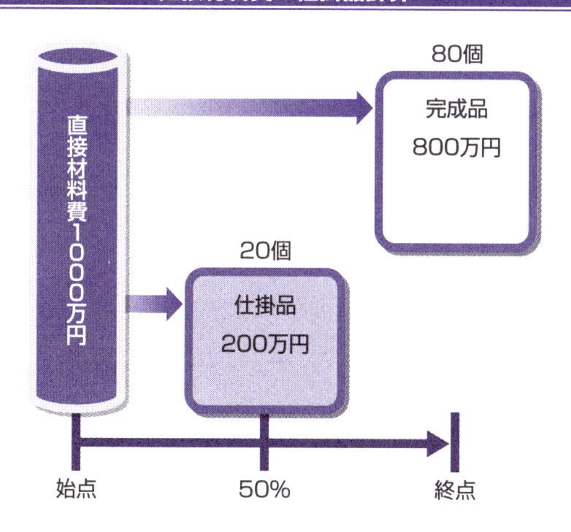

◆始点投入の材料の場合は、完成品でも仕掛品でも1個当たりの直接材料費が同じ。

5-7 仕掛品の計算②
—加工費

前節に続いて、仕掛品を構成する第2の原価要素、すなわち「加工費」について、未完成品と完成品への原価の集計方法を学習します。加工費の原価集計を考えるとき、「加工進捗度」と「完成品換算量」という用語の意味を理解することが重要です。

加工費の額は加工進捗度に応じる

総合原価計算における、仕掛品（未完成品）の計算方法について、本節では**加工費**というもう一つの費用を集計します。

始点で投入する材料費は、50%程度の作り掛けである月末仕掛品であっても、100%加工が終了している完成品であっても、1単位当たりの額が同じ、ということはご理解いただけたと思います。

つぎに、加工費です。仮に工程の始点で原材料を投入した段階では、まったく直接工による作業も行われていませんし、電力・水道・ガスなどの諸資源も投入されていません。つまり、直接労務費·製造間接費などの加工費は、ゼロの状態です。

仮に、作業が少し進んで20%作業が終了したとします。ここでは、完成までに要する作業の20%が済んでいるので、直接労務費・製造間接費などの加工費は、完成品にかかる額の20%相当だけかかっていることが分かります。「**加工進捗度**20%の仕掛品の加工費は、完成品の加工費の20%程度。いいかえると、20%の仕掛品には完成品0.2個分の加工費のみが発生している。」ということです。

つまり、月末仕掛品1単位と完成品1単位では、それぞれの単位当たり加工費の額が異なります。

加工費の仕掛品計算—ケーススタディ

たとえば、ある工場での5月における1か月の加工費が720万円で、100個の製品の生産に着手したとします。そして、1か月後、月末時点での製品生産量を確認しますと、完成品が80個、加工進捗度50%の未完成品（仕掛品）が20個だとします。加工進捗度50%の仕掛品は、まさに半人前ですから、完成品0.5個分の加工費です。

つまり、20個の加工費は（20個×50%＝10）完成品ベースで10個に相当する加工費の価値となるわけです。よって、当月の完成品1個当たり加工費は、720万円÷（完成80個＋仕掛品完成ベース10個）＝8万円となります。加工進捗度50%の月末仕掛品20個にかかる加工費は、8万円×完成品ベース10個＝80万円です。完成品80個にかかる加工費は、720万円－80万円＝640万円ですね。この加工費の原価集計を考える際の、完成品ベースの数量を**完成品換算量**といいます。

加工費の仕掛品計算

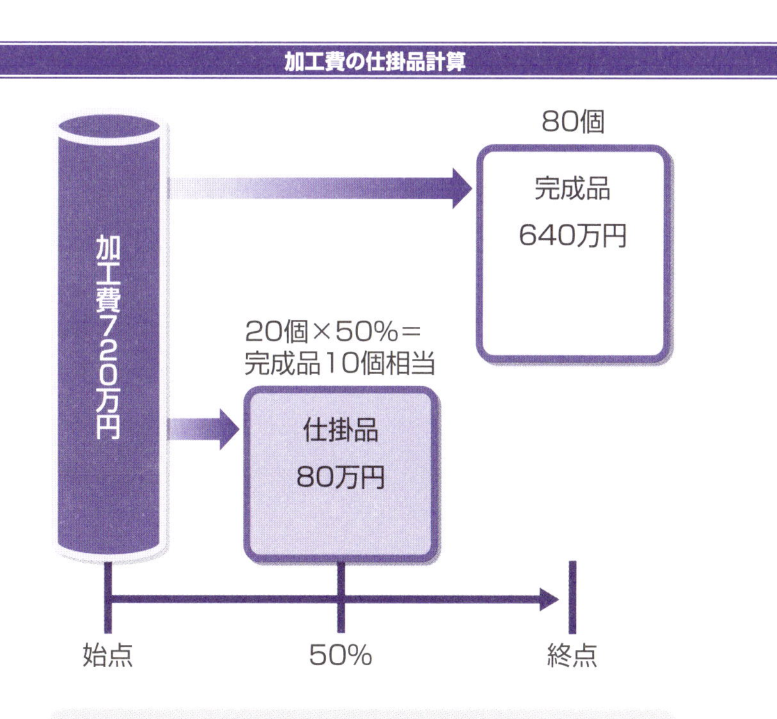

◆50%の仕掛品1個当たりの加工費＝
完成品ベースで0.5個（1個×50%）に相当
※完成品ベースの数量を「完成品換算量」といいます。

5-8 仕掛品の計算③ —まとめの計算と表示

本節は、仕掛品計算のまとめを行います。直接材料費と加工費の計算を総括して、完成品1個当たりの原価を集計するプロセスを、計算例で確認してみてください。ちょっと複雑な計算があるかもしれませんが、あせらず日を置いて何度かトライしてみてください。かならず理解に達するときが来るはずです。

前節と前々節の計算例（5月のある工場における、完成品80個と加工進捗度50%の仕掛品20個の生産例）を用いて、これらの計算値が、財務諸表にどのように表示されるかについて確認してみたいと思います。

仕掛品原価計算のまとめ

まずは、いま一度、生産データと金額を整理しましょう。

(1) 5月の生産データ

月初の仕掛品　0個
当月着手量（投入量）　100個
当月完成量　80個
月末の仕掛品（加工進捗度50%）　20個

(2) 5月の原価データ

当月製造費用（当月の着手量に対応する原価投入額）
直接材料費1000万円、加工費720万円

以上より、当月の月末仕掛品20個にかかった原価と完成品80個にかかった原価を集計します。

月末仕掛品の原価
直接材料費｛1000万円÷（80個+20個）×20個｝+加工費｛720万円÷（80個+20個×50%）×20個×50%｝=200万円+80万円=280万円

完成品の原価
直接材料費（1000万円−200万円）+加工費（720万円−80万円）=800万円+640万円=1440万円

以上をまとめると、当月製造費用1720万円を、月末仕掛品へ280万円、完成品へ1440万円配分した、となります。

さらに、完成品、つまり製品1個当たりの製造原価を求めると、1440万円÷80個=18万円になりますね。

つまり、この製品は、1個当たり18万円のコストがかかっているので、18万円よりも高い値段で売らなければ、利益が出ない、ということです。

財務諸表での位置づけ

なお、もしも完成品80個のうち、5月中に65個を販売して15個が製品在庫となったら、売上原価はいくらになりますか？

答え：
売上原価=65個×単位当たり原価18万円=1170万円
製品在庫=15個×18万円=270万円

つまり、5月の損益計算書に計上する売上原価というコストは1170万円、貸借対照表の資産として表示する在庫は、仕掛品280万円、製品270万円ということになるのです。

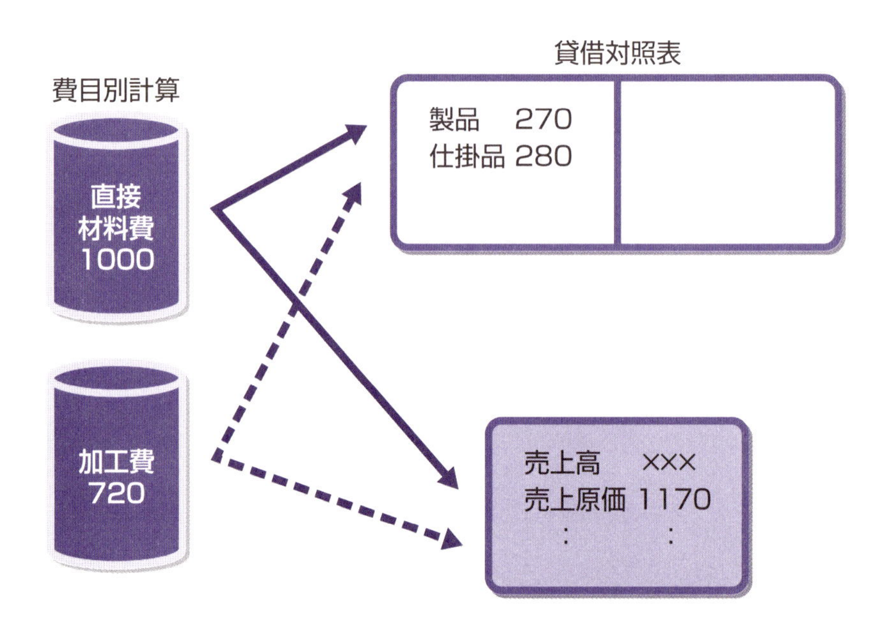
財務諸表に計上される原価
費目別計算
直接材料費
1000
加工費
720
貸借対照表
製品 270
仕掛品 280
売上高 ×××
売上原価 1170
：：

5-9 仕掛品の計算④ —月初仕掛品がある場合

これまでは、月初の仕掛品、すなわち前月末時点での未完成品の繰越分がなかったという想定で計算手続を学んできました。本節では、もう少し実践的に、月初に仕掛品が存在し、残りの作業を当月に行う、というシチュエーションで仕掛品の計算を考えてみたいと思います。

通常は月初に前月の仕掛品が存在するもの

5-6から5-8までに学習したのは、「当月の製造費用」である直接材料費と加工費を、月末の仕掛品と当月の完成品に合理的に配分する計算手順です。

たとえていうなら、月初にはまったく前月末の未完成の品物（仕掛品）がなく、当月に着手し投入した材料費・加工費といった原価をそのまま月末仕掛品と完成品に振り分ける、という単純作業です。

しかし、今月末に仕掛り中の品物があれば、当然、翌月の初めには、残りの作業が引き継がれますね。

つまり、通常は、月初に前月からの仕掛品が存在するわけです。

そこで、月初の仕掛品にかかっている原価を、**完成品**または**月末の仕掛品**のどちらに配分すればよいのか、という問題が生じます。

月初仕掛品の処理の3パターン

結論をいいますと、総合原価計算において、月初の仕掛品がある場合、つぎの3つのいずれかの方法で原価を配分するのが一般的です。

(1) 先入先出法

先に着手したものから先に完成すると仮定して、月初仕掛品原価をすべて完成品へと振り分ける方法。月初仕掛品から順に完成していく、という仮定に基づくので、実際の物の流れに即した製品の評価が可能になります。

(2) 後入先出法*

後に着手したものから先に完成すると仮定して、月初仕掛品原価を原則として月末仕掛品原価に配分し、当月の完成品は、当月着手した原価からなる、という原価の配分方法。後から投入したものが先に完成するという、ちょっと常識的にはイメージしにくい過程計算ですが、原材料費がインフレで高騰していくような経済情勢では、高くなった後のほうの原価を売上原価としやすいので、費用を多く計上でき、結果として課税の対象となる利益の合理的な圧縮にもつながります。

(3) 平均法

月初仕掛品原価と当月着手した当月製造費用を合算し、平均原価で完成品と月末仕掛品原価を集計する方法。毎月の単位当たり原価を平準化し、業績の格差を少なくするというメリットがあります。

このように、3つの計算方法のうちのどれかを、企業ごとに判断し、自社に適した方法として採用することになります。

月初仕掛品がある場合の原価の配分方法

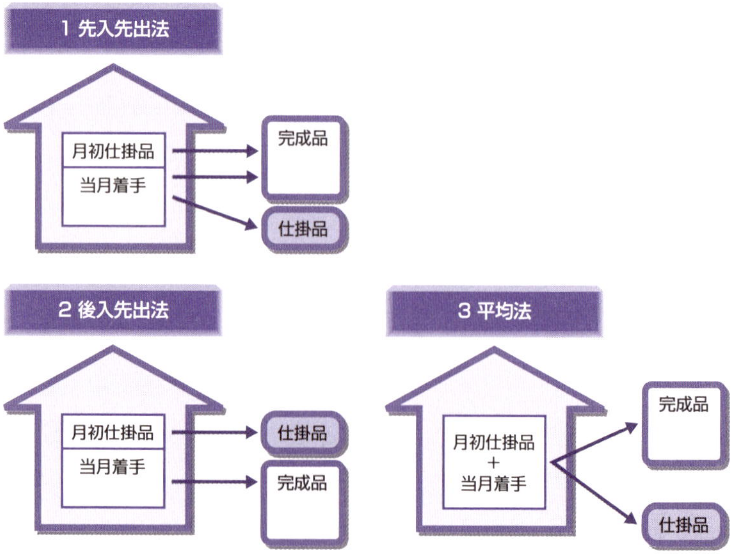

1 先入先出法
月初仕掛品
当月着手
完成品
仕掛品

2 後入先出法
月初仕掛品
当月着手
仕掛品
完成品

3 平均法
月初仕掛品
+
当月着手
完成品
仕掛品

* 後入先出法は、現行の会計制度では廃止されています。

5-10

単純総合原価計算の基礎知識

単純総合原価計算は、単一製品の種類で、単一の工程という最もシンプルな計算方法です。この単純総合原価計算は、ほかのすべての総合原価計算方法を学習するためのベースとなりますので、しっかりと計算例を解きなおして、できるだけ正確に理解しましょう。

本章の構成のおさらい

本章の構成を、ここで一度整理してみます。

まず、5-1から5-3までは、おおむね**個別原価計算**という計算制度を中心に解説しました。

つぎに、5-4以降が**総合原価計算制度**の説明です。5-4は総論、5-5は総合原価計算の種類、5-6から5-8までは、月初の仕掛品がない状態での総合原価計算、5-9は、月初の仕掛品がある場合の総合原価計算です。そして、5-6から5-9までは、**単純総合原価計算**という単一製品の種類で、単一の工程という最もシンプルな計算形態を前提とした議論となっているのです。

以上の説明は、総合原価計算の学習体系とも関係しますので、イメージできるようになるまで、マイペースでいいですから、ゆっくりと整理してみてください。

原価計算表で確認してみよう

では、つぎに5 - 6から5 - 9の知識を横断的に利用して、計算事例を考えてみましょう。

(1) 月初における仕掛品原価　280万円
※直接材料費200万円、加工費80万円
(2) 当月総製造費用　2155万円
※直接材料費1210万円、加工費945万円

（3）当月の生産データ

月初仕掛品　20個（加工進捗度50%）

当月投入量　110個

当月完成量　100個

月末仕掛品　30個（加工進捗度50%）

以上をもとに、月初仕掛品原価と当月総製造費用を、先入先出法により完成品と月末仕掛品に配分したのが、下の表です。

これは**原価計算表**といって、完成品と月末仕掛品の原価の集計過程が、分かりやすい表となっています。

一度、電卓をつかって確認してみてください。

原価計算表（単純総合原価計算制度／先入先出法）

摘　要	数　量	直接材料費	数　量	加工費	原　価
当月投入 月末仕掛品	110個 30	1210万円 330	105個 15	945万円 135	2155万円 465
差　引 月初仕掛品	80個 20	880万円 200	90個 10	810万円 80	1690万円 280
完成品	100個	1080万円	100個	890万円	1970万円
単　価		@10.8万円		@8.9万円	@19.7万円

（注1）加工費の「数量」欄は、完成品換算量（完成品ベースの個数。加工進捗度50%の仕掛品1個の完成品換算量は0.5個）
（注2）加工費計算の数量：月初仕掛品数量10個＝20個×50%
月末仕掛品数量15個＝30個×50%
当月投入105個＝完成100個＋月末15個－月初10個
（注3）直接材料費の月末仕掛品330万円＝（1210万円÷110個）×30個
（注4）加工費の月末仕掛品135万円＝（945万円÷105個）×15個

5-11 等級別総合原価計算の基礎知識

同じ洋服のLサイズとMサイズのように、格付けが異なる同種の製品同士でどのように原価を配分するか、という問題を扱います。

等級別総合原価計算とは

等級別総合原価計算は、同一材料・同一工程から製造される製品で、品質や形状や長さなどで等級別に区分されるものを連続生産する形態で採用される計算方法です。

同じ洋服のLサイズとMサイズとか、一級品と二級品のように、格付けが異なる同種の製品同士でどのように原価を配分するか、という問題を扱うわけですね。業種としては、酒造業やアパレル業などが代表的です。

計算手順1　等価係数を割り出す

ここでは、もっともシンプルな計算方法についてご紹介いたします。

まずは、単純総合原価計算の方法で、ある種の製品の月末仕掛品原価と完成品原価を算定します。

つぎに、完成品原価トータルで100万円とか1000万円とかの金額が算定された後、その完成品原価を構成する製品のなかに混在する高級品と中級品、LサイズとMサイズとSサイズのように、各等級の製品群へと完成品原価をさらに配分する、という手続きがでてきます。

たとえば、Tシャツ1000枚を材料費19万円で製造したとしますと、すべてのTシャツが同じサイズなら、19万円÷1000枚＝1枚当たり190円、というTシャツの製造原価が計算できますが、実際には、さまざまなサイズが混在し、サイズ数だけ、原価が異なるはずですね。

そこで、事前に各等級間の原価の比率を測定しておくのです。たとえば、そのTシャツ1枚の材料費がLサイズ200円、Mサイズが180円だとしましょう。

この場合、それぞれのサイズの1枚当たり材料費の比率は、L：M=200：180です。

この比率を、それぞれ200で割ると、L：M=1：0.9となりますね。つまり、材料費の比率は、Lサイズ1に対して、Mサイズ0.9となります。この比率を**等価係数**といいます。

計算手順2　積数で割って単位原価を求める

では、上記の例で、完成品原価19万円に対しTシャツ1000枚の内訳が「Lサイズ500枚、Mサイズ500枚」と同数だとしましょう。

この場合、Lサイズベースで1枚当たりの完成品原価を求めた方が計算しやすいので、Mサイズ500枚を、等価係数を用いて、500枚×0.9=450枚（Lサイズベース450枚とMサイズベース500枚が等価値）と考えます。

この、基準製品となるLサイズベースで換算したMサイズの数量を、**積数**といいます。

これに対し、材料費19万円ですから、

19万円÷（L500枚+M450枚（Lサイズベース））

=19万円÷950枚

=200円（Lサイズ1枚当たり）、となります。

このように、サイズや品質が異なる等級別の製品は、積数で割って、基準製品当たりの単位原価を求めた上で、各等級製品に原価を振り分けるのです。

等級別総合原価計算

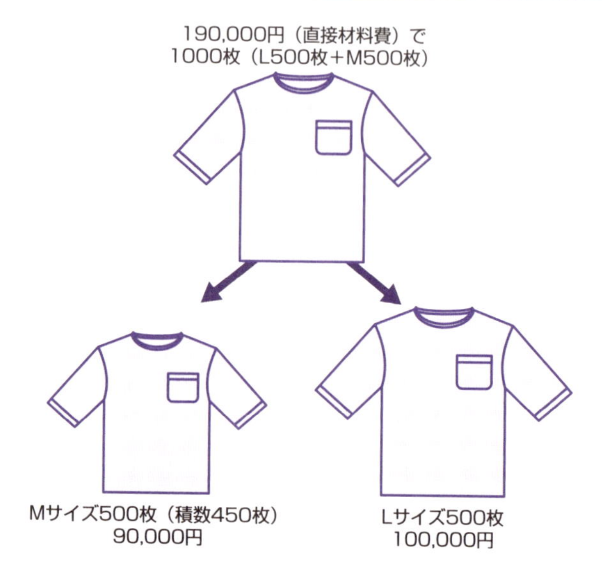

5-12 組別総合原価計算の基礎知識

等級別総合原価計算が「同一製品で等級別に区別される製品群を対象とする」のに対し、組別総合原価計算の場合、「異種の製品を同一の製造設備で生産する」という点が特徴です。

組別総合原価計算は、同一の製造設備で異なる種類の製品を連続生産する形態に適した計算方法です。

家電業界や自動車業界が代表例です。

ここでは、前節との比較のため、Tシャツの製品を取り上げて、引き続き説明します。

組直接費と組間接費

等級別原価計算では、Tシャツという一種類の製品を、LサイズとMサイズというように、サイズや品質などで区分しました。積数を基準に、完成品原価を各等級製品に配分しましたね。

ここでは、まったく異なる2種類の製品を扱います。具体的には、同じ工場でTシャツとズボンをつくることを考えてみてください。両者は、まったく違う製品です。

しかし、同じ作業場を使いますので、たとえば、その現場の電気代や器具備品など、両製品に共通して発生する原価がありますね。これを**組間接費**といいます。

一方、ジーンズ用の厚手の生地と、Tシャツ用の肌触りのよさそうな生地では、材料費がまったくことなり、それぞれ固有に原価を集計できそうです。

このように、各組の製品に直接集計できる原価を**組直接費**といいます。

組別総合原価計算のプロセス

つまり、組別原価計算では、つぎのように、2つのステップで原価を集計することになるのです。

（1）原価を「組直接費」と「組間接費」に分類し、組直接費は発生額を各組製品に直接集計する。組間接費は、作業時間数などの適当な基準で発生額合計を各製品に配賦（配分）する。

（2）組直接費と組間接費が集計されたら、各組で、単純総合原価計算の方法により、月末仕掛品原価と完成品原価に集計する。

組別総合原価計算のプロセス

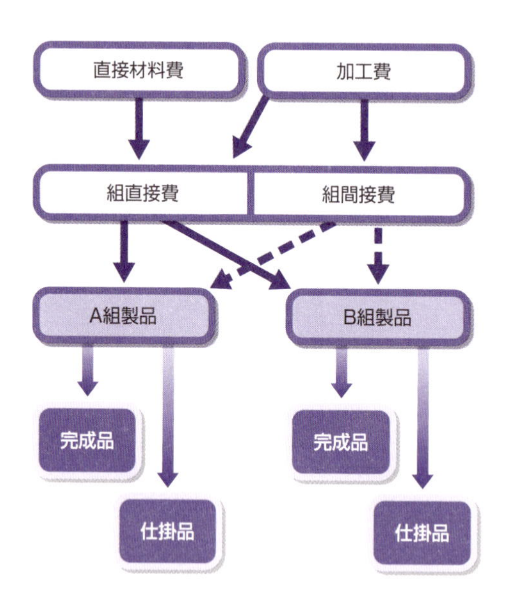

5-13 工程別総合原価計算

工程別総合原価計算とは、連続する2つ以上の工程を経由して製品が完成するような生産形態に適用される原価計算の方法です。最初の工程で素材を投入し、これに加工を加えて部品を製作して、次の工程でこの部品を新たな材料（前工程費）としてさらに加工するという生産形態をイメージしながら学習しましょう。

工程別総合原価計算とは

工程別総合原価計算は、ある製品について、連続する2つ以上の工程を経由して製品が完成するような生産形態に適用されます。

たとえば、ある工場で、素材から部品を製作する第一製造部門があり、第一製造部門の完成品である部品を、第二製造部に投入して組立て、最終的に第二製造部門で製品として完成するような場合を考えればよいでしょう。

より具体的には、電化製品の一つであるテレビなら、ブラウン管を第一工程でつくり、それを第二工程で組立て、テレビとして完成させる、といった感じでイメージしていただくとよいでしょう。

工程別総合原価計算の手順

具体的な計算手順としては、まず、第一の工程で、素材となる主要材料を投入したならば、これに加工を加えて第一工程の完成品をつくり上げます。第一工程では、直接材料費と第一工程で消費される加工費が集計され、月末仕掛品と完成品に原価が配分されます。

そして、第一工程における完成品原価（直接材料費＋加工費）は、第二工程の部品として投入されます。この、第一工程における完成品原価を、第二工程にとっては前段階の工程の原価なので、「**前工程費**」と呼んでいます。

仮に第二工程で、あらたな材料の追加投入があるならば、「前工程費＋第二工程の直接材料費＋第二工程の加工費」が、第二工程の完成品原価および月末仕掛品原価として配分されるわけです。

もちろん、第一工程、第二工程とも、月初の仕掛品があれば、先入先出法、後入先出法、平均法などの原価配分方法の選択適用の問題が出てきますね。

このように、第一工程の完成品原価を、第二工程の原材料費のようにして加算していく計算方法を累加法と呼びます。この機会に、会計用語として覚えておきましょう。

材料の追加投入がない場合は「加工費工程別総合原価計算」

なお、参考までに、第一工程の始点で材料を投入し、その後は加工を加えるのみで第二工程ないし最終工程の完成まで、材料の追加投入がない場合などは、加工費のみを工程別に計算するという「**加工費工程別総合原価計算**」の方法がとられることもあります。この場合、直接材料費だけは、あたかも全工程を一つの工程とみなして、まとめて計算してしまうので、加工費のみ工程別で計算するという、簡便的な計算手続きとなります。

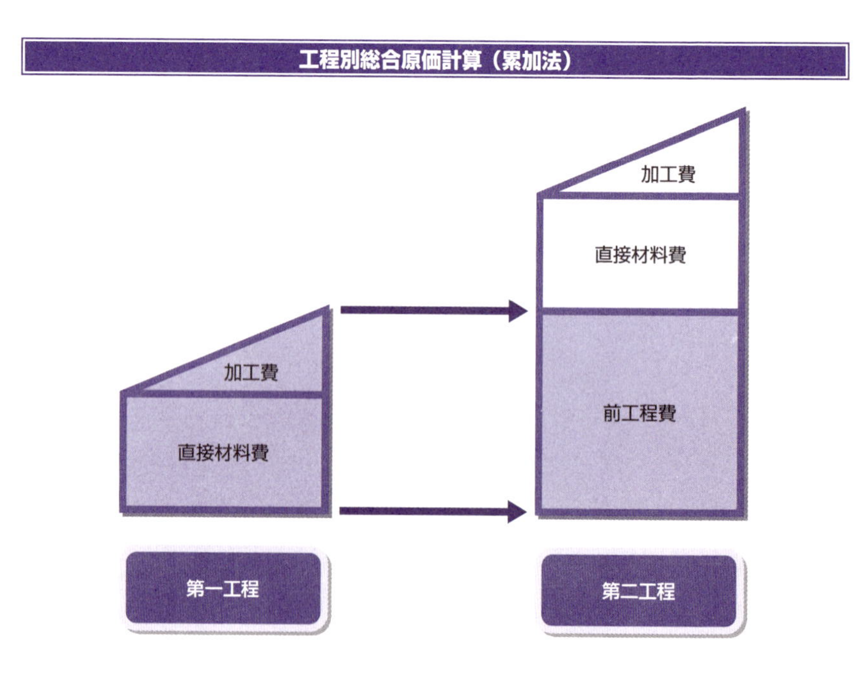

活動基準原価計算（Activity-Based-Costing）とは？

活動基準原価計算（ABC）とは、各種の原価を、それぞれ関連する活動（Activity）にかかわらせて、各活動に応じて集計対象の各製品へと割り当てていく計算方法のことです。

現在は、生産活動がとても複雑になっています。

簡単にいうと、「物が余っている時代に、消費者のニーズが多様になっている」ことから、ひとつの工場で、多様なニーズに合わせて多品種の製品をつくらなければならない状況になってきています。

これに対し、一昔前は「ある一つの製品を、ひたすらたくさん作る」という感覚で十分だったのです。

昭和30年代、40年代の歴史を振り返ると、「テレビを買う」「冷蔵庫を買う」「洗濯機を買う」こと自体が消費者の単純な欲求ならば、「ひとつの製品をただひたすらつくって売るだけ」でよかったのです。

このような状況下では、「製造部門という現場」の生産時間、つまり直接作業時間や機械運転時間などといった単純な原価計算で十分でした。

具体的に、製造間接費についていえば、「種々雑多な費用」の寄せ集めではあるが、ほぼそれらの費用は最終的には「生産活動オンリー」に集約させておけばよかったのです。

だから、「製造間接費トータル÷直接作業時間」という、非常にザックリとしたアバウトな単一基準による費用の配分計算でも、とりたてて1個当たり原価の計算に不都合はありませんでした。

しかし、現在はちがいます。

かつてのように、「需要の種類はシンプルで、つくっただけ市場に出せば売れる」という状況ではありません。

ポイントは、「生産活動以外の『支援活動』の増大」です。

支援活動とは、部品の発注、機械の段取り、製品の市場開拓、技術開発、高度に精密化された設備の保守・点検・修繕、絶え間なく続く新技術の研修と学習、複雑な物流システムによる製品の発送、企業生命にもかかわる製造物責任への対処やクレーム処理など、製造以外の周辺活動のことです。

はっきりいって、20世紀中ごろの感覚では考えられないほどに、現在は支援活動のコストが増大しています。

このように高度に複雑化した経営環境のなかで、激増する支援活動費を、直接作業時間というひとつの配賦基準で配分するよりも、各費目を詳細に分析し、多くの配賦基準を用いて細かく配分しようというのがABCです。

したがって、ABCという計算制度のなかでは、製造間接費を単純に合計して、それを直接作業時間などの単一基準で割るのでなく、各費目に適した活動要因、すなわち「コスト・ドライバー（原価作用因）」ごとにきめ細かく配分しよう、という考え方をとります。

しかし、いくら原価のきめ細かい計算が可能となり、経営意思決定に役立ちそうだといっても、すべての企業がすんなりとABCを導入できているわけではありません。

なぜかというと、ABCを導入するためには、まず工場内の生産プロセスを詳細に分析し、つぎに各活動の定義づけ、さらにそれらに関連するコスト・ドライバーを決定しなければなりません。これら一連の作業は、数多くの導入経験と知識をもった外部専門家の助力が多くの場合必要になります。また、現場の作業員にとっても、忙しい日常業務のなかで、どれほどABCに力を注ぎ込めるのか不確かです。

このような導入段階での準備の難しさが、ABCのデメリットなのです。

第6章

標準原価計算の基礎知識

第５章までは、実際原価計算という「毎月の実績値をそのまま各製品に集計する」という計算方法を学びました。この第６章では、あらかじめ設定された製品１単位あたりの標準原価を生産量に掛けて、「あるべき（目標の）原価を求める」という、標準原価計算の手法について学習していきます。原価管理の観点からは、非常に重要な計算方法です。

6-1 標準原価計算とは？

標準原価計算とは、製品の原価を「標準原価」により計算する方法のことです。また、標準原価とは、「標準直接材料費・標準直接労務費・標準製造間接費」×「生産量」で計算される原価のことです。1単位あたりの標準原価は、科学的・統計的調査に基づき、原価の目標となるべく設定されるのです。

実際原価計算とはどこが違うのか？

第5章までに学習した原価計算の方法は「**実際原価計算**」といいます。

実際原価計算は、製品の原価を「実際原価」により計算する方法のことです。

何が違うかといえば、実際原価計算では、実際の直接材料費・直接労務費・製造間接費などをまず集計し、その集計額を求めてから、先入先出法とか後入先出法とか平均法などの過程計算にもとづいて完成品と月末仕掛品に原価を配分します。

これに対し、**標準原価計算**のもとでは、実際の直接材料費・直接労務費・製造間接費の発生額を集計しなくても、もとからある単位当たりの標準直接材料費・直接労務費・製造間接費にその月の生産量をかければ、すぐに完成品原価と仕掛品原価の標準額（目標額）を求めることができます。

標準原価計算は、あるべき金額（目標値）を求め、それを製品の評価額、売上原価の額として使用しようという計算方法なのです。

実際原価計算のケーススタディ

ひとつ、事例で考えてみましょう。

たとえば、当月の直接材料費が1100万円で、完成品90個、月末仕掛品10個をつくったとします。

この場合、完成品と月末仕掛品への原価の配分額は、

完成品　990万円（1100万円÷100個×90個）
月末仕掛品　110万円（1100万円÷100個×10個）

となります。これが、実際原価計算です。

しかし、じつは事業年度の初めに、計画値として、製品1個当たり10万円の標準直接材料費を設定したとして、標準原価計算制度により計算したら、完成品と月末仕掛品の原価はどうなるでしょうか？

完成品の標準原価は900万円（10万円×90個）、月末仕掛品の原価は100万円（10万円×10個）ですね。つまり、標準原価の計算の方が、あらかじめ製品単位当たりの目標値として原価の単価が決まっているため、かえって計算が速くて簡単なのです。

標準原価の意味を、簡単な事例で考えてみました。まずは、おおまかにイメージをつかんでください。

標準原価計算と実際原価計算の違い

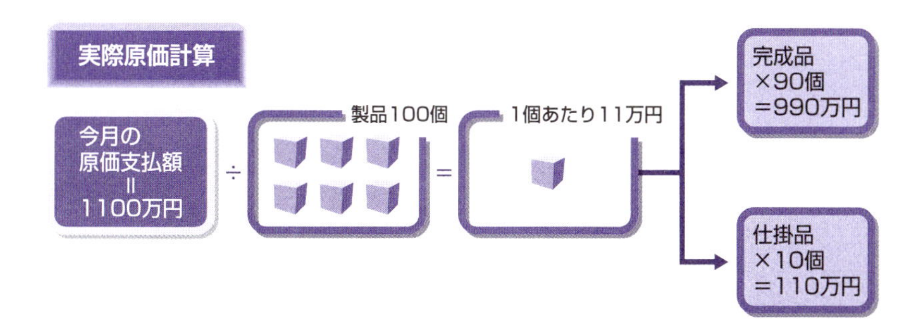

6-2 標準原価計算の目的

標準原価は、「ある月の生産量に対する原価の目標値」としての側面を持っていますから、実績値と比較すれば、当然差異が生じます。このような原価管理の視点から標準原価計算の目的を理解することが、重要となります。

Plan-Do-Seeのための標準原価計算

標準原価計算が、第5章までで学習した実際原価計算よりも、完成品原価の計算が簡単なんだな、ということが、まずは分かればOKです。

そこで、このような標準原価計算の性質に基づいて、どのような効果が期待されているかについて、本節では検討していきましょう。

標準原価は、事業年度が始まる前に、すでに**単位当たりの目標額**を決めています。つまり、目標がすでに設定されているのだから、その後の実績値が目標よりも多いのか少ないのかによって、作業効率を明確に把握し、後々の管理につなげることが可能となるわけです。

いってみれば、各月の実績が良好かどうかを測るものさしですね。

したがいまして、標準原価計算制度を導入した企業は、事前に目標値を設定していますので、その後、期中の生産実績（数量・時間などの物量データ）と実際の発生額に基づいて、目標原価（標準原価）と実際の消費額を比較し、実績の評価・検討・改善のための資料集めが可能になります。

いわゆる、Plan-Do-See＝**「計画 - 実行 - 評価」の管理サイクル**を実施するための前提として、機能するのです。

標準原価計算制度を採用するさいに、この「原価管理目的」というのは、非常に重要です。さきに述べた「計算の迅速化」と並んで、標準原価計算によってもたらされる経営管理上のメリットとして、大いに期待されるところです。

財務会計、財務諸表作成のための標準原価計算

そして、事前に科学的・統計的な調査が行われていることから、ほぼその事業年度を通じての1単位当たり製品原価が、その目標値を大きく乖離することはありません。もちろん、当初には想定していなかった事情が後で生じた場合には、原価標準（単位当たり標準原価）の改訂、という問題も考えられますが、通常は、目標原価が、望ましい単位当たりのコストになります。したがって、損益計算書の売上原価の算定方法や貸借対照表の製品在庫の評価方法としても、標準原価計算制度は、財務会計、すなわち財務諸表作成目的に有効な手段といわれています。

予算編成にも有効

さらに、原価、つまり支出面での目標を設定する標準原価計算制度は、むこう1年の短期利益計画でもある予算の編成とも、非常に相性がいいです。そもそも予算は、「利益の目標を明らかにする」という経営管理の手続きですから、利益の計算要素である原価につき、標準原価計算制度の資料を援用できますので好都合ですね。

このように、標準原価計算制度を採用することによって、**計算の迅速化、効果的な原価管理、適正な財務諸表の作成、信頼できる予算の編成**という点で大きな効果が期待できるのです。

標準原価計算の目的

- 計算の迅速化
- 効果的な原価管理
- 適正な財務諸表の作成
- 信頼できる予算の編成

6-3 標準原価計算の手続きの流れ

標準原価計算は、原価標準の設定、各月の標準原価の算定、その月の実際原価の算定と原価差異の把握、原価差異の分析というプロセスをたどります。本節では、おおまかな標準原価計算の手続きのフローを理解しましょう。

標準原価計算は、ひとことでいえば、「単位当たりの標準原価を事前に設定し」、「各月の生産量に基づいて標準原価を求め」、「各月の実際消費額（発生額）と比較して誤差を測定し」、「その後の生産能率向上のために分析・検討を行う」という一連のプロセスの総称です。

したがって、標準原価計算の手続きを見ていく場合には、前節で述べた標準原価計算の目的のうち、**原価管理**の側面を強く意識して学習されるといいでしょう。

原価標準の設定

3月決算の会社を例にとりますと、まず、4月の新年度を控えて、2か月前くらいの1月ないし2月中に、新年度の予算を作成します。

予算は、基本的に目標利益を達成するための短期（1年）計画ですので、ここでは、売上高、設備投資、資金調達などのさまざまな要素が検討されます。

そのなかで、利益計画のコスト面に大きく影響を及ぼす標準原価ですが、まずは製品を1単位（1個とか1セットとか1キログラムとか）当たりでいくらの直接材料費･直接労務費･製造間接費をかけるべきかを決定します。つまり、**原価標準**（製品1単位当たりの原価の標準額）の設定ですね（原価標準が決まったら、その年の目標利益に合わせて目標販売量をかけて予算の売上原価を決定しますが、それはむしろ経営計画の分野の話です）。

標準原価と原価差異

4月に入ってからは、各月の実際の生産量に原価標準をかけて「**標準原価**」を算定します。たとえば、A工場というところの原価標準が1台当たり25万円だとして、

4月に100台生産すれば、25万円×100台＝2500万円が4月の標準原価となるわけです。

つぎに各月の実際の消費額を集計します。たとえば、さきのA工場での4月の実際原価は、直接材料費1300万円、直接労務費500万円、製造間接費800万円だったとしたら、合計で2600万円となりますね。

さらに、標準原価と実際原価を計算した後、両者を比較して、実際原価が標準を下回ることができたか、あるいはオーバーしてしまったかを確認します。A工場の例なら、標準2500万円－実際2600万円＝▲100万円（目標オーバー。原価管理上は不利な差異）となります。このような誤差を**原価差異**といいます。

原価差異を把握したら、それがなぜ発生したかの**原価差異分析**を行います。

そして、最後に改善のための策を検討するのです。

このようなサイクルを繰り返し、生産現場では、日々、改善のための努力が行われるのです。

標準原価計算の手続きの流れ

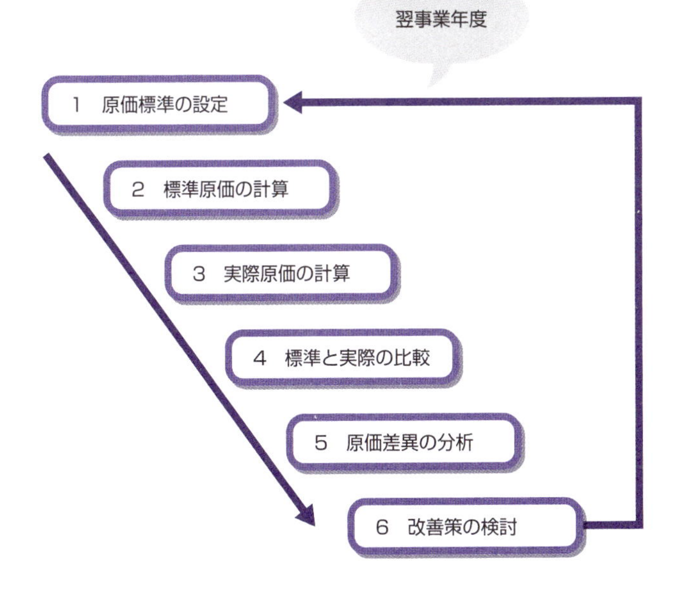

6-4
原価標準の設定（直接材料費）

ここでは、原価標準の設定がすべてのスタートであり重要な前提事項である、ということをしっかりと認識した上で、直接材料費という費目について、どのような点に注意しつつ原価標準を設定するべきかについて学習いたします。

原価標準の設定はすべての土台

標準原価計算制度のもとでは、原価管理という目的が非常に重要で、この目的にそって標準原価計算の手順を考えていくと、理解しやすいです。

そこで、1ページ前をめくって、いまいちど前節の図を確認してみてください。第1のステップで、原価標準の設定というのがありますね。

じつは、この**原価標準の設定**が、全体のプロセスのなかでも、非常に重要性が高いのです。

なぜか？

そもそも目標値の精度が低かったらどうでしょうか。精度の低い単位当たり原価をもとに算定された標準原価が信用できない、さらには実績と比較した差異も、当然分析に値する情報価値があるとは思えませんね。

このように、原価標準の設定はすべての土台なので、きわめて慎重かつ正確性を期して行わなければなりません。

だから、科学的・統計的調査が必要になるわけです。ちなみに、製品1個をつくるための作業時間の標準設定ひとつとっても、分単位・秒単位で作業実験などを繰り返し、どの作業者にもあてはまる適正な動作目標を立てなければなりません。

価格標準を求める

では、原価標準の設定について、ここから費目別に見て行きます。

まずは、**直接材料費**です。

直接材料費の原価標準としては、製品1単位の製造にかかる目標の物品消費額を設定します。

具体的には「材料の消費単価×単位当たりの標準消費量」の2つの要素に分けて、それぞれの目標値を求めればよいわけです。**価格標準**と**数量標準**（消費量標準）という呼び方がよく用いられます。

材料の価格標準を設定するさいには、購買担当部署の持つデータが必要になってきます。

なぜなら、購買担当部署が、その時々の材料の市況や需要動向、各仕入先に関する情報、今後の施策など、材料購入に関してのあらゆる見識・最新情報を持ち合わせている部門だからです。

当然のことながら、原価計算担当部署との調整で決定された価格標準が、その後の購買部門の渉外活動にも影響を及ぼしてきますので、きちんとしたコミュニケーションは必要不可欠ですね。

安すぎず、高すぎず、両者にとって適正な価格の設定が要求されます。

仕損品を見込んだ数量標準

つぎに、数量標準を設定するさいには、それまでの統計値などを十分に参考にして、**単位当たりの消費量標準**を決めなければなりません。そのさい、仕損品にかかるコストを無視することはできません。

なぜなら、どんなに完璧と思われる生産技術をもってしても、失敗ゼロ、ということは現実的ではないからです。やはり、生産現場の技術や設備の状況などに応じて、ある程度の仕損の標準発生率を織り込んで、少し上乗せした数量標準（消費量標準）の設定が現実的と思われます。

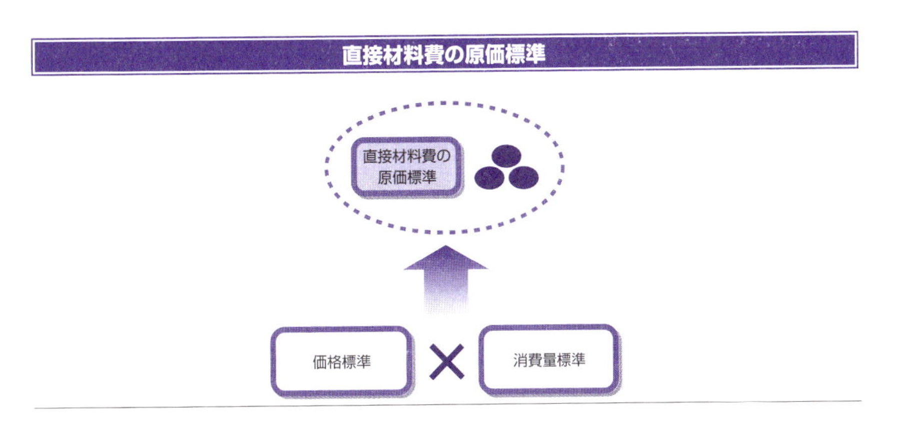

6-5 原価標準の設定（直接労務費）

前節に続いて、今度は直接労務費の原価標準の設定です。直接労務費が「直接工の直接作業賃」である、という基礎知識を前提に、賃率標準と直接作業時間標準の考え方に習熟しましょう。

直接労務費の対象となるのは、「**直接工の直接作業賃**」です。

つまり、「物をつくっている時間にかかる賃金」が、その製品に集計されるべき直接労務費となります。

ここで、賃金には、基本給と加給金があることは、以前に一度学習しました。加給金とは、残業手当、休日出勤手当、危険作業手当などの作業に比例して発生するタイプの割増賃金のことです。

この基本給と加給金からなる1時間当たりの賃金を賃率といいます。

直接労務費は、賃率×直接作業時間で計算されるのでした（→79ページ参照）。

なお、これも基礎知識の確認ですが、直接作業時間は、段取時間と加工時間の合計でしたね。

さて、直接材料費のところでも学習しましたが、価格に関する標準と数量に関する標準の2つの計算要素につき、標準値を設定しなければなりません。直接材料費の場合は、価格標準と消費量標準でした。

直接労務費の場合は、価格標準に相当するのが**賃率標準**、数量標準に相当するのが**直接作業時間標準**です。

賃率標準を算出する

まず、「賃率標準」ですが、個人別ではなく、作業区分に応じた職種別の1時間当たり平均賃金をもって、賃率標準とする場合が一般に考えられます。

工場全体の賃率だと、各作業区分の難易度や特性を反映しない賃率になってしまいますし、個人別の賃率にしてしまうと、煩雑かつ技能差による変動が激しいなどの弊害が生じますので、通常は職種別の平均的な賃率が妥当でしょう。

直接作業時間標準を求める

つぎに、1単位の製品完成までに必要な標準作業時間を設定しなければなりません。

製品1単位の完成までに必要な標準直接作業時間を求めるためには、どうしても時間研究・動作研究にもとづいた科学的・統計的調査が必要になります。それも、ある工程のスタートからゴールまでを一発で時間測定するのではなく、「作業A」「作業B」「作業C」……のように、同一工程内でも作業の種類が異なるはずですから、作業内容を細分化して、それぞれで目標の作業時間を決めるべきです。

でないと、あとで原価管理するとき、「どの作業が非能率か」の特定や、集中的な検討時間の投入が不可能になるからです。

そして、忘れてならないのが、作業員の人的な要素だけでなく、設備の生産能力です。したがって、直接作業時間標準を決めるにあたっては、いつも一杯一杯の状態を想定するのは現実的ではないので、ある程度の余裕を持って、人的要素×設備的要素の組み合わせとして計算するのがよいでしょう。

なお、製造間接費の配賦基準として直接作業時間を採用する場合には、直接労務費標準の算定プロセスで計算する直接作業時間標準がどれだけかによって、影響を受けることが多いですから、注意が必要です。

直接労務費の原価標準

直接労務費の原価標準

↑

賃率標準 × 直接作業時間標準

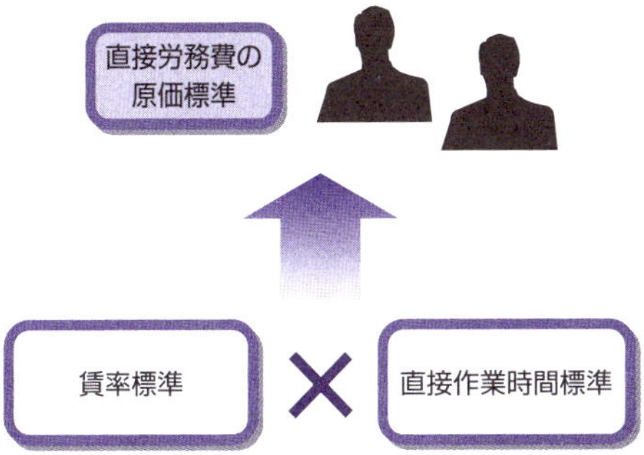

6-6 原価標準の設定（製造間接費標準）

製造間接費標準の設定です。製造間接費の原価標準は、1年単位などの一定期間で、年間予算などを立て、それに見合う予想の操業度との比較で、1時間当たりの標準配賦率ないし製品1単位当たりの標準配賦率を算定します。このあたりのプロセスを、なんとなくでもイメージできればしめたものです。

製品1単位当たりの製造間接費

製造間接費は、**間接材料費・間接労務費・間接経費**の3種の費用を集めて合算した、一種の費用グループです。

直接材料費や直接労務費のように、製品の生産量と費用の発生に直接的な関連性が見出せない費用の寄せ集めですから、一つずつ、費目ごとに製品へ集計することを考えるのは一般に非効率です。

したがって、ひとまとめにし、全体として管理したほうが事務上の手間も省けますし、経済的といえますね。

だから、「製品1単位当たりの間接材料費」や「製品1単位当たりの事務員給料」みたいな考え方ではなくて、製品1単位当たりの製造間接費合計という観点で、原価計算も原価管理も行うのが、第一歩となります。

標準配賦率の算定

製造間接費の原価標準は、1年単位または半年単位（上半期・下半期）で、むこう6か月ないし1年の予算を立て、それに見合う予想の操業度（直接作業時間か生産量を使うケースが多い）との比較で、1時間当たりの標準配賦率ないし製品1単位当たりの標準配賦率を算定します。

ちょっと説明が長くなったので、算式ですっきりと表現してみます。

標準配賦率＝製造間接費の予算額÷基準操業度

と考えていただければよろしいでしょう。

製造間接費の予算許容額

前に毎月の操業度に応じた製造間接費の予算の決め方には、変動予算と固定予算の2つがある、というお話をしました（→110ページ参照）。これは、毎月の実績と比較するための予算許容額の求め方に関する話です。

一方、いま問題としているのは、目標とする操業度（基準操業度＝100％のフル操業とするべき数値）に対する予算額なので、実質的には、固定予算でも変動予算でも同じです。

では、ちょっとした計算例です。

年間の製造間接費予算額が5000万円として、年間の基準操業度が2万直接作業時間だとしましょう。1時間当たりの製造間接費、すなわち標準配賦率は2500円ですね。

そして、製品1個を完成するための直接作業時間標準が3時間だとすると、製品1個当たりの製造間接費標準は2500円×3時間＝7500円となります。

なお、変動予算と固定予算の話も重要なので、この機会に、もう一度復習してみてください。

後で学習する製造間接費の配賦差異の分析で、役に立ちます。

製造間接費の予算許容額

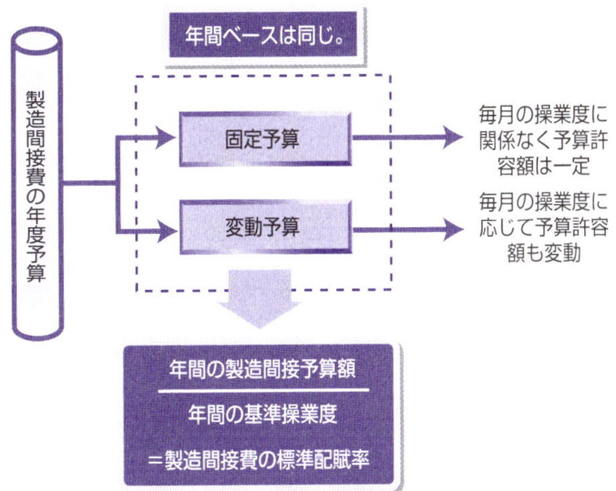

6-7 原価差異の求め方と考え方

原価差異は、各月の生産量に対する標準原価と実際の原価発生額との差額です。標準原価計算が「原価管理」という目的を重要視していることから、この標準原価と実際原価との差額を分析検討し、いかに今後の改善に生かしていくかが重要となります。

ところで、標準原価計算の手順、覚えていらっしゃるでしょうか（→168ページ参照）。

標準原価計算の手順

（1）原価標準の設定。

（2）各月の標準原価の算定（完成品、月末仕掛品）。

（3）各月の実際原価の集計。

（4）各月の投入額について、「標準原価－実際原価」で原価差異を求める。

（5）原価差異を分析・検討する。

（6）翌期のために、改善案を出し、つぎに活かす。

ざっと、こんな感じです。

このなかでも、まずは（1）の原価標準の設定に大きなウェイトがかかる、というのが前節までのお話です。

原価差異の算出

そして、ここでは（2）から（4）までのお話を学習していきます。

原価標準が決まってしまえば、あとは生産量に原価標準をかけてその月の完成品に関する標準原価額を求めることができるのですから、計算はそんなに難しくないです。

たとえば、B工場という製造現場での当期における製品1台当たり標準原価（原価標準）は、60万円だったとします。直接材料費・直接労務費・製造間接費の内訳は、ここでは問いません（次節以降で問題にします）。

そして、5月の生産実績が50台だったとしましょう。月初・月末とも仕掛品はないものとします。

5月の標準原価はいくらですか？

60万円×50台＝3000万円ですね。

そして、5月の実際の原価発生額が、直接材料費1558万円、直接労務費984万円、製造間接費618万円だとすると、5月の実際原価はいくらになるでしょうか。

答え：

直接材料費1558万円＋直接労務費984万円＋製造間接費618万円＝3160万円

不利差異か？　有利差異か？

標準原価が3000万円ですから、実際原価との差は、3000万円−3160万円＝▲160万円となります。つまり、原価差異はマイナス160万円、ということです。

これは、標準原価（目標）よりも実際原価（実績）の方が多いので、**不利差異**といいます。逆に、標準原価より実際原価の方が低い場合は、**有利差異**といって、原価の節約を意味します。

生産現場としては、有利差異を目標に作業の質を高めたいところですね。

B工場の原価差異の分析

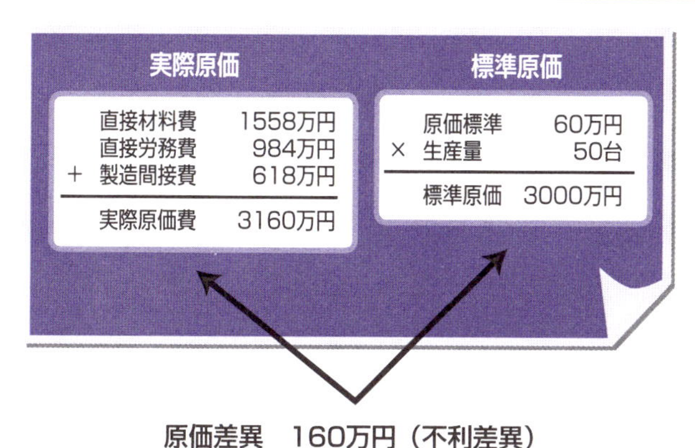

6-8 直接材料費差異の分析

ここからは、直接材料費、直接労務費および製造間接費についての原価差異の分析方法の学習です。まずは、直接材料費差異の分析について、価格差異および数量差異の計算方法をマスターしましょう。

直接材料費差異を分析するポイント

直接材料費は、製品を構成する主たる材料にかかるコストです。

例を挙げるならば、自動車の鋼材や家具の木材などの素材、自動車にとりつけるタイヤやエアコンなどの買い入れ部品があります。

これらの主たる材料の消費額は、材料1キロないし1個当たりの価格（単価）と、製品1単位当たりの消費量の掛け算で求められます。

逆に考えれば、直接材料費に関する標準原価と実際原価の差異、すなわち直接材料費差異の内訳は、「**価格の変動要因**」と「**製品1単位当たりの消費量の変動要因**」に分けることができるのです。

価格標準と実際価格の誤差に基づく差異、および消費量標準と実際の消費量の誤差に基づく差異の2種類に分析する、ということですね。

直接材料費の差異

では、前節のB工場の事例を、引き続き検討してみましょう。

B工場における5月の原価差異の総額は160万円でした。そのうち、直接材料費にかかる差異は、前節のデータでは直接材料費標準が不明なので、わかりませんでした。

そこで、この機会にデータを追加しますと、製品1台当たりの標準原価60万円のうち、直接材料費が30万円、直接労務費が20万円、製造間接費が10万円だとします。

さて、直接材料費の標準消費額ですが、30万円×50台＝1500万円となりますね。

そして、実際直接材料費が1558万円ですから、1500万円－1558万円＝▲58万円（不利差異）と出ました。

ここまではいいでしょうか。

価格差異と数量差異に分けて分析する

つぎに、この58万円の不利差異が、価格変動要因でいくらロスし、消費量要因でいくらロスしたかを計算します。

製品1台当たりの直接材料消費量は15キログラム、1キロ当たりの材料単価が2万円です。

つまり、直接材料費標準は2万円×15キロ＝30万円です。

そして、5月の実績は、価格1キロ当たり2.05万円、消費量760キログラムです。

では、まず、**価格要因の差異（価格差異）**をみてみましょう。消費量760キログラムに対し、1キログラム当たり0.05万円（2万円−2.05万円）だけ値上りしています。したがって、▲0.05万円×760キログラム（実際消費量）＝▲38万円の不利差異、となりますね。

つぎに、**消費量要因の差異（数量差異）**ですが、1台15キロが平均なら、15キロ×50台＝750キログラムが標準消費量です。したがって、実際消費量760キログラムは、10キロオーバーですね。これを標準単価2万円でかけると、▲10キロ×2万円＝▲20万円（不利差異）となります。

それで、価格差異▲38万円＋数量差異▲20万円＝▲58万円（直接材料費差異）と、きちんと整合が取れます。このように、直接材料費差異は、価格差異と数量差異に分けて、分析してみてください。

直接材料費の価格差異と数量差異

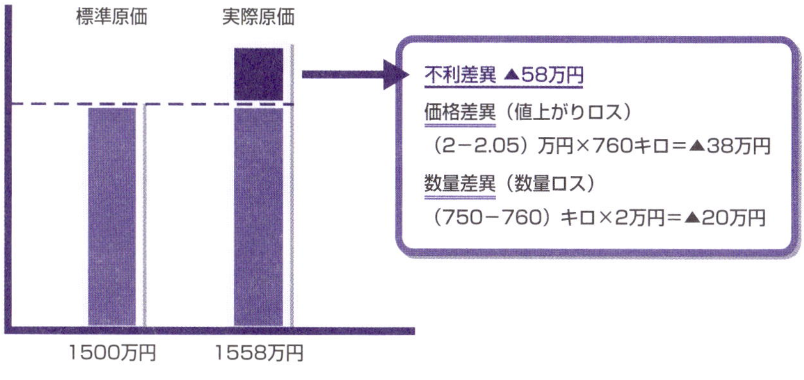

標準原価
実際原価
1500万円
1558万円

不利差異 ▲58万円
価格差異（値上がりロス）
（2−2.05）万円×760キロ＝▲38万円
数量差異（数量ロス）
（750−760）キロ×2万円＝▲20万円

6-9

直接労務費差異の分析

直接労務費は、賃率標準と直接作業時間標準から構成され、これに各月の生産量を掛けて標準原価として計算されます。直接労務費の差異分析は、賃率差異と直接作業時間差異とに分けて行われます。

「6-7 原価差異の求め方と考え方」の事例データを確認しますと、B工場の5月の生産実績は50台、また直接労務費の実際発生額が984万円であることがわかっています。そして、「6-8 直接材料費差異の分析」では、製品1台当たりの直接労務費が20万円だというところまでは、確認できます。

したがって、直接労務費の差異は、20万円×50台＝1000万円（標準原価）から984万円（実際原価）を引いた「＋16万円」となります。

そして標準よりも実際の方が金額が低いので、コストを節約した、つまり会社にとって有利に働いたことから「16万円の有利差異」などと呼ばれます。

労務費差異を価格と数量に分解する

では、直接材料費の場合と同じく、この16万円の差異を価格標準における差異と数量標準における差異に分解してみましょう。

ここで追加資料です。

当事業年度におけるB工場の1台当たり直接労務費
(A) 標準賃率　2.5万円（25000円）
(B) 1台当たりの標準直接作業時間　8時間
直接労務費＝（A）×（B）

したがって、2.5×8＝20万円と、1台当たりの標準直接労務費が算定されます。

ちなみに、5月は50台生産しているので、8時間×50台＝400時間の作業が標準、すなわち目標の時間となりますね。

そして、つぎに5月の賃率と直接作業時間に関する実績データの資料です。

B工場の5月の生産実績における実際直接労務費
（A）実際賃率　2.4万円
（B）実際直接作業時間　410時間
実際直接労務費＝（A）×（B）

したがって、実際直接労務費は2.4×410＝984万円です。
では、価格要因の差異を見ていきます。

（2.5万円−2.4万円）×410時間＝「賃率差異41万円」（有利差異）

1時間当たりの賃金が0.1万円値下がりしたので、これに実際の時間数をかけて、賃率値下がりのコスト減少額は41万円となりました。
つぎに、作業時間の要因です。

2.5万円×（標準400時間−実際410時間）＝▲25万円（不利差異）

10時間の作業オーバーに、標準賃率2.5万円をかけると、25万円の不利差異が算定されます。
以上をまとめると、つぎのようになります。

（1）直接労務費の差異は16万円の有利差異。
（2）賃率差異は41万円の有利差異。
（3）直接作業時間差異は25万円の不利差異。
（4）賃率差異41万円（有利）と直接作業時間差異25万円（不利）を合算または相殺すると、16万円の直接労務費差異（有利差異）と一致する。

（4）のように、「賃率差異＋直接作業時間差異＝直接労務費差異」という関係が成り立つことを、覚えておきましょう。なお、直接作業時間差異は、現場の能率の良し悪しを判断する重要な資料です。

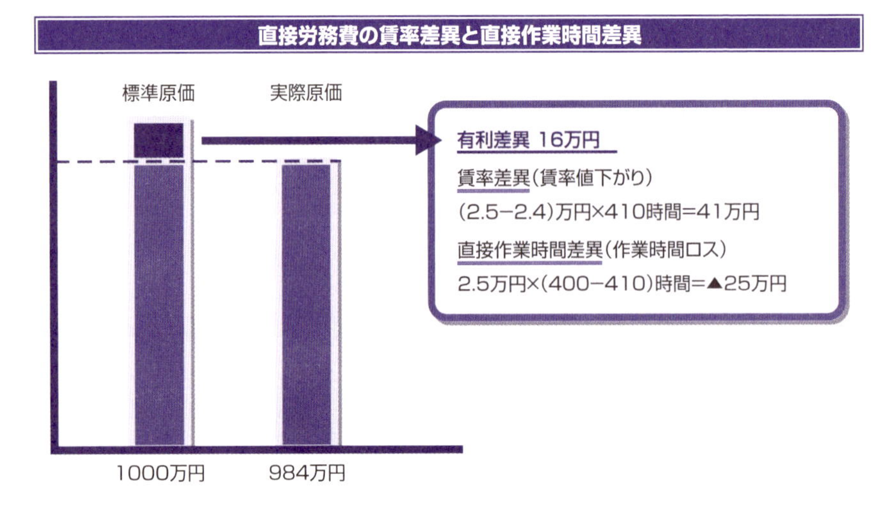

6-10 製造間接費の予算差異・操業度差異

製造間接費の差異分析は、基本的に3つの差異原因に分けることがポイントになります。すなわち「予算差異」「操業度差異」および「能率差異」です。そして「能率差異」は、変動費能率差異と固定費能率差異の2つに、さらに分けることができます。ここでは、予算差異と操業度差異について確認いたします。

では、つぎに**製造間接費**です。

これまでに分かっているB工場のデータを確認しましょう。

製品1台当たりの製造間接費　10万円
標準製造間接費　10万円×50台＝500万円
実際製造間接費　618万円
5月の実際直接作業時間　410時間

ここまでで分かることは、製造間接費差異が500万円－618万円＝▲118万円（不利差異）ということです。

では、まずはこの差異を、第4章の知識を利用して「4-13 変動予算における予算差異」と「4-15 変動予算における操業度差異」のように、予算差異・操業度差異に分解してみましょう。

製造間接費の予算差異の求め方

予算差異は、「410時間の実際操業度（時間数）における予算許容額と実際発生額618万円の差額」として求めます。

ここで、上記B工場の追加資料です。

製品1台当たりの直接作業時間　8時間
1時間当たり製造間接費　1.25万円
(1.25万円=10万円÷8時間)
変動費率　0.65万円／時間
固定費率　0.6万円／時間
(0.6万円=1.25万円−0.65万円)
月間の基準操業度　450時間
月間の予算固定費　270万円

以上で、資料が出揃いました。

なお、参考までに、固定費率の算定の仕方は、実務的には、まず月間の予算固定費270万円を決め、月間の基準操業度450時間（予定される100%のフル操業状態）を決めてから、予算固定費270万円÷基準操業度450時間=固定費率0.6万円／時間のように求めます。

では、**予算差異**を求めましょう。

[5月の予算許容額]
変動費予算（0.65万円×410時間）+固定費予算270万円=536.5万円

[予算差異]
予算許容額536.5万円−実際発生額618万円=▲81.5万円（不利差異）

操業度差異の求め方

つぎに、**操業度差異**（遊休期間に支払っている固定費）を求めてみます。

[遊休時間]
5月の実際直接作業時間410時間−基準操業度450時間=▲40時間

[操業度差異]

固定費率0.6万円×▲40時間＝▲24万円（不利差異）

以上により、予算差異▲81.5万円と操業度差異▲24万円が求められました。残りの差異分析は、引き続き次節で学習します。

B工場（5月）の予算差異・操業度差異

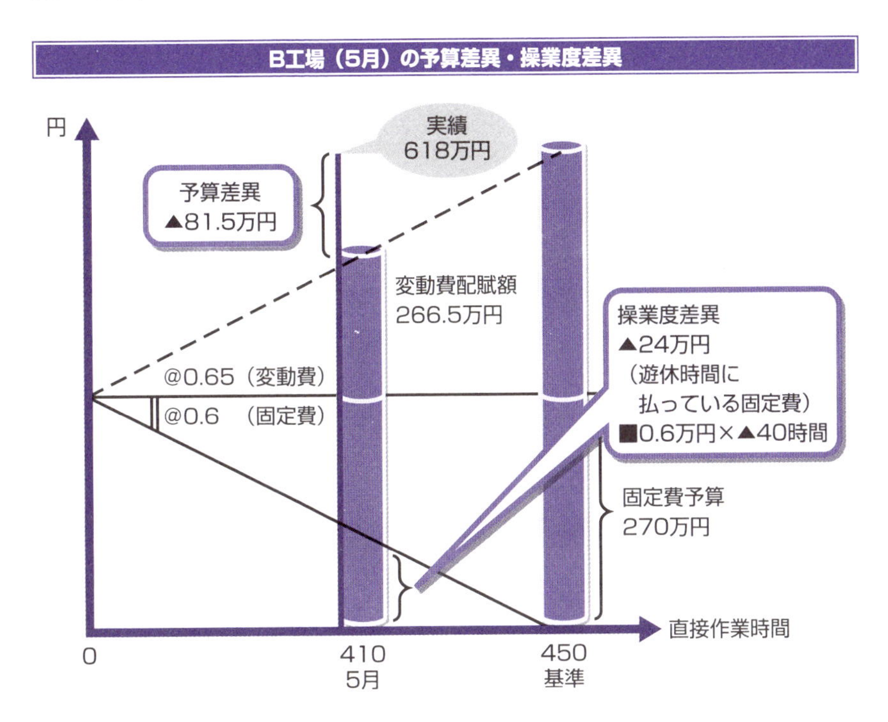

6-11
製造間接費の能率差異

予算差異および操業度差異は、じつは「実際原価計算制度」の枠組みのなかでも、正常配賦による製造原価の計算を行えば、出てくる問題でした。むしろ、標準原価計算特有の製造間接費に関する差異といえば、この能率差異ということになるわけです。

ここで確認です。

B工場の5月の実績に基づく製造間接費差異は、トータルで標準原価500万円（10万円×50台）と実際原価618万円の差額である118万円（不利差異）です。

なお、標準原価500万円は「標準配賦率1.25万円×標準直接作業時間400時間＝500万円」と計算した方が、差異分析には好都合です。

そして、製造間接費差異118万円のうち、予算差異が81.5万円（不利）、操業度差異が24万円（不利）で、合計105.5万円までは差異の原因がつかめました。

あと、12.5万円の差異（118万円－105.5万円）の原因を確認しなければなりません。

能率差異の求め方

そこで、残りの差異原因として、50台の生産にかかる標準直接作業時間400時間と、5月の実際直接作業時間の差異をみてみましょう。

本来なら、50台の製品をつくるために目標とすべき時間数は、8時間×50台＝400時間です。

それに対し、実際は410時間かかってしまったわけですから、10時間のロス（非能率）ですね。

それならば、この非能率で浪費した変動費と固定費を求めてやればよいわけです。

（1）非能率による変動費のロス

10時間×変動費率0.65万円＝6.5万円

（2）非能率による固定費のロス

10時間×固定費率0.6万円＝6万円

製造間接費差異の分析プロセスで明らかになった、標準と実際の能率の差による原価差異を**能率差異**といいます。

変動費の能率差異は6.5万円（不利差異）で、固定費の能率差異（不利差異）は6万円ですから、これらを足して**能率差異12.5万円（不利差異）**と求められます。

製造間接費の差異のまとめ

以上をまとめると、つぎのようになります。

(A) 製造間接費の差異　▲118万円（不利差異）
(B) 予算差異　▲81.5万円（不利差異）
(C) 操業度差異　▲24万円（不利差異）
(D) 能率差異　▲12.5万円（不利差異）

つまり、(A) ＝ (B) ＋ (C) ＋ (D) という関係が、キチンと成り立つわけですね。このように、製造間接費は、予算要因、操業度要因、能率要因の3つの要素に分けて分析すると、理解しやすくなります。内容が濃いのでいっぺんに理解しようとせず、マイペースでゆっくり復習を繰り返してください。

B工場（5月）の能率差異

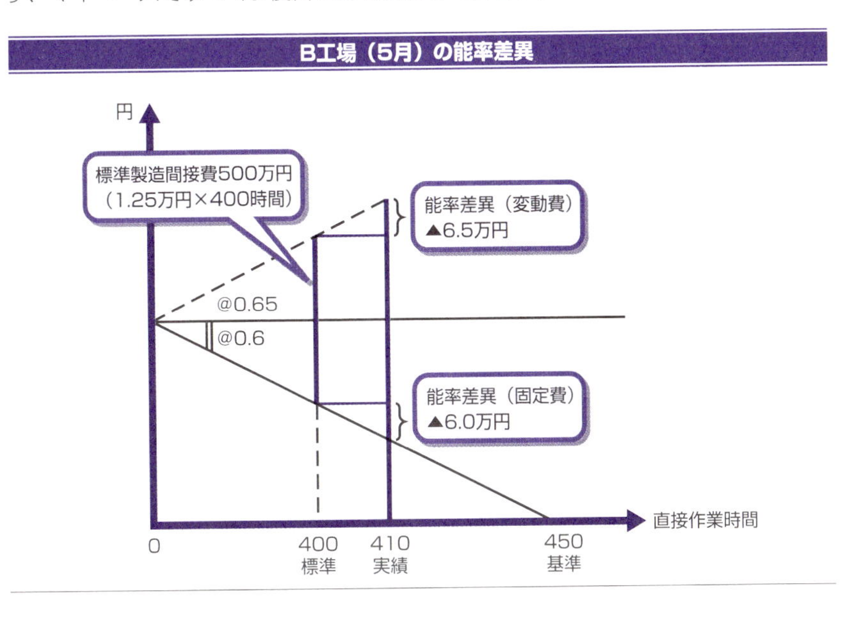

6-12
原価差異の会計処理

原価差異は、「標準の製品原価」と「実際に支払った額」との調整額です。つまり、不利差異を前提にすれば「標準原価の追加費用」であり、有利差異を前提にすれば「標準原価の一部節約」と理解できるわけです。このような標準原価の調整額でもある原価差異の会計処理方法を、ここでは学びます。

B工場の原価差異分析の話も、ここで最後になります。

なかなかボリュームもあって大変だったと思いますが、もう一息です。

さて、B工場で算定された原価差異160万円の分析も一通り終わりました。これでほっと一安心ですね。

そして、最後に知っておきたいことは、この160万円の原価オーバー分を、財務諸表にどのように表示するか、という問題です。

財務諸表上の「原価差異」の考え方

こまかく話をしだすときりがないので、ここではもっともよく実務上でてくる話に限定し、基本的な考え方だけを知っていただきましょう。

まず、直接材料費・直接労務費・製造間接費などの消費額につき、標準（目標）と実際の誤差が生じた場合、その差が正常なものか異常なものかで扱いが変わってきます。突発的なトラブルや災害などの異常な原因で発生した原価差異は、**非原価項目**といって、損益計算書の「**営業外費用**」または「**特別損失**」という表示区分に振り分けられます。

このように異常な原因による原価差異を取り除くと、正常な原因に基づく原価差異が抽出されますね。

正常な原因に基づく差異を、「**原価性のある差異**」と呼んで、売上原価に加算（不利差異）または売上原価から減算（有利差異）することになるのです。

いってみれば、標準原価のほかにおまけで発生する追加コスト、といった感じです。

損益計算書と貸借対照表のおさらい

なお、ここで、損益計算書と貸借対照表（バランスシート）の関係を知っておきましょう。

貸借対照表の左側には、資産（財産）が縦一列に並べて表記されます。貸借対照表の右側には、資産の調達方法として、だいたい負債（借金など）＋資本金＋利益の合計が記載されます。

そして、貸借対照表の右下の利益につき、その計算過程を明らかにしたのが損益計算書となります。

損益計算書は、利益の計算過程を表示するにあたって、収益の種類（本業による売上とそれ以外の営業外収益、特別利益）、および費用の種類（本業に関する売上原価、販売費および一般管理費と本業に関係しない営業外費用、特別損失）を細かくわけて、縦一列に段階表示します。

このような貸借対照表と損益計算書の関係も知っておいてください。

損益計算書と貸借対照表

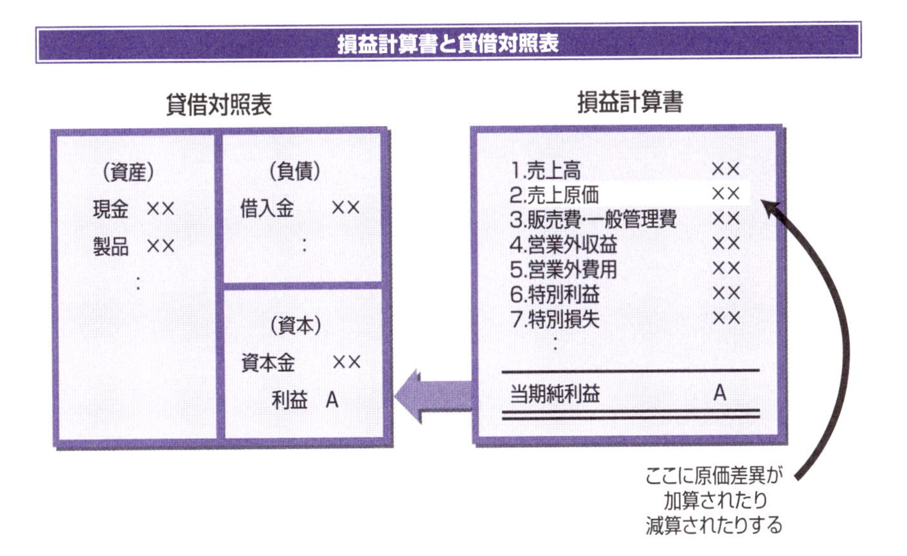

第7章

直接原価計算の基礎知識

直接原価計算は、これまでに学習した全部原価計算（工場で発生するすべての製造原価、すなわち変動費も固定費もすべて製品原価として集計する方法）とは、発想法が違います。利益管理目的で採用される直接原価計算の特徴を、しっかりと理解してください。

7-1 直接原価計算と全部原価計算の違い

直接原価計算は、変動製造原価のみを、製品1個の評価額として集計する方法です。これに対し、全部原価計算は、変動製造原価のみならず固定製造原価をも製品1個の評価額として集計します。つまり、両者の決定的な違いは「固定費の扱い」にあります。このあたりのニュアンスをつかんでいただきたいと思います。

利益管理のための原価計算

本書もいよいよ少し先にゴールが見えてきました。

もうちょっとで、原価計算の基礎知識に関する体系知識が一通り終わります。

さて、ここからは「**利益管理のための原価計算**」について、考えていきましょう。

「ん？　利益管理？　原価管理は？」

はい、その疑問、ごもっともです。

もともとあなたが原価計算を勉強しようと思ったのは、おそらく、コストがどのように製品原価に集計されているかの仕組みを理解し、費用の節約や原価管理に役立てたい、という気持ちが強かったこともあるでしょう。

たしかに、原価計算を学習する出発点は、「原価をコントロールする」という動機付けから始まります。

しかし、よーくかんがえてみましょう。

そもそも、会社が存続するために一番大事なものは何ですか？

十分な利益ですね。もっというなら、一番大事なのは**粗利**（売上高－売上原価）、そのつぎに大事なのが**営業利益**（粗利から販売費および一般管理費を除いたもの）です。

利益が出なければ、給料も家賃も払えません。

だから、原価のコントロール手法を学ぶだけでは、企業経営管理という観点からは、片手落ちなのです。

直接原価計算とは

これまで学んだ原価計算の方法は、「工場で発生した費用すべて（変動費＋固定費）を公平・正確に各製品へと配分しよう！」という考え方に基づいています。つまり「原価を漏れなく各製品に振り分ける！」というコンセプトです。

このように、工場でかかった費用をすべて、漏れなく売上原価にも期末の製品・仕掛品在庫にも配分しよう、という原価計算方法が、いままで私たちがいっしょに勉強してきた方法で、「**全部原価計算**」といいます。まあ、「工場でかかった費用を、全部各製品に原価として集計する計算方法」と理解しておいてください。

これに対し、利益を正しく計算する、という違った観点から、あえて工場で発生した原価の一部（固定費）を売上原価と在庫の製品・仕掛品に配分しない「**直接原価計算**」という計算形態があるのです。

なぜ、固定費（常に一定額かかる費用）を売上原価と期末の製品・仕掛品に配分しないという手続きが、利益管理に役立つかという話は、次節以降でもう少し詳しくご紹介いたします。

まずは、全部原価計算と直接原価計算という2つの用語を、なんとなくでいいですから、頭に入れておいてください。

直接原価計算と全部原価計算

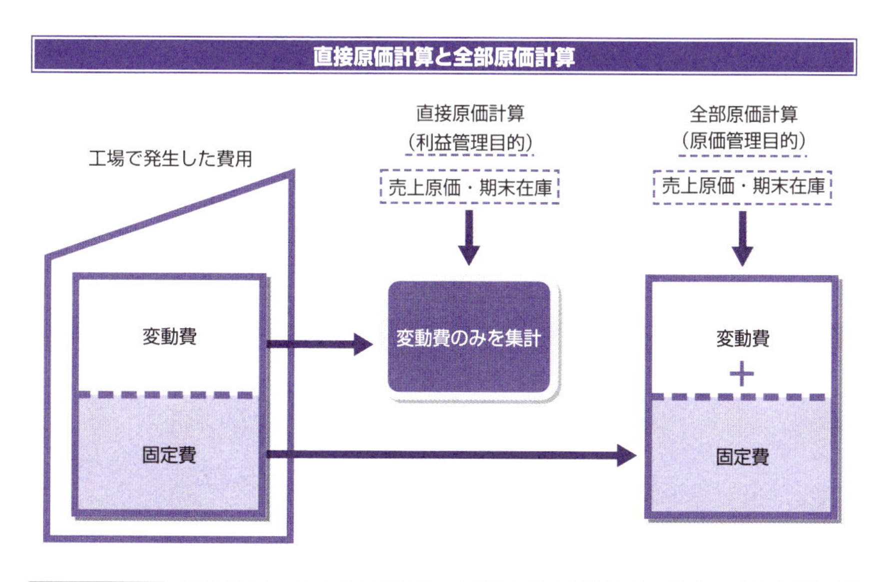

7-2 変動費と固定費の分類

そもそも、直接原価計算を採用するための前提として、工場で発生する費用を「変動費」と「固定費」に分解しなければなりません。全体として発生する費用の合計額を、ただ漫然と眺めているだけでは、正確な変動費と固定費の分類はできませんね。本節では、費目別精査法という実践的な分類方法を学びます。

変動費と固定費の違い

ここでは、直接原価計算という方法を採用する前提知識として、**変動費**と**固定費**について学んでいきます。

たとえば弁当を作っているお店の厨房を考えてみますと、弁当1個をつくるのに、ごはん、おかず、容器、はしなどの材料が必要ですね。

そして、これらの材料費は、弁当の製造・販売数量が増えるほど、それに比例して増えていきます。

今話した材料費のように、製造・販売数量に比例して増加したり減少したりする費用のことを**変動費**といいます。

材料費・労務費・経費といった原価の三要素のうちでは、材料費のほとんどが変動費といえます。

お弁当屋さんの話に戻ります。

弁当をつくる厨房には、炊飯器、冷蔵庫、洗面台、その他の器具類などがあります。

こういった固定設備の所得に要した支出額は、減価償却費という名目で、各期に費用配分します。

また、店舗の賃借料も固定でかかりますし、そこで働く店員さんの中には、固定給制の人がいるかもしれません。さらに、電気代、水道代、ガス代などには、毎月かならずかかる基本料金の部分があります。

このように、毎月の製造・販売量の増減にかかわらず、常に一定額かかる費用のことを**固定費**といいます。

固定費は、店舗を維持し、営業を成り立たせるためにかならずかかる費用です。したがって、経営管理上は、売上と直接的な比例関係のある変動費と、比例関係のない固定費を区別し、最低でも、「経営を維持するために必須の費用、すなわち固定費」をまかなう額の利益をいかに獲得するか、という考え方で計画を立て、実行していかなければならないのですね。

この固定費も、工場で発生する原価であることから、変動費と一緒に「売上原価」や「期末の製品・仕掛品の在庫」に配分しよう、というのが全部原価計算であり、変動費のみを売上高に関連付けて「売上原価」や「期末の製品・仕掛品の在庫」に配分しよう、というのが直接原価計算なのです。

費目別精査法

なお、変動費と固定費を分けるときは、実務的には、費用項目の一覧を見ながら、費目別にひとつずつ、現場の実態に合わせて「これは変動費、これとこれは固定費」のように、企業内で共通の基準を儲けて分類するとよいでしょう。

費目別に変動費と固定費を分けていくやり方を**費目別精査法**といい、現場の感覚で導入しやすい分類法です。

費目別精査法による変動費と固定費の分類例

費目	金額	変動費割合	固定費割合	変動費	固定費
主要材料費	1,500,000	100%	−	1,500,000	0
直接工賃金	800,000	75%	25%	600,000	200,000
給与手当	700,000	−	100%	0	700,000
水道光熱費	240,000	80%	20%	192,000	48,000
減価償却費	860,000	−	100%	0	860,000
計	4,100,000	−	−	2,292,000	1,808,000

7-3 全部原価計算制度の問題点

全部原価計算は、「工場の製造費用をすべて製品原価として集計しよう」という発想が根底にあります。しかし、前月末と当月末で在庫数量に大きな変動があると、一定額発生する固定費が在庫に振り分けられ、利益計算が正確に行えなくなる、という欠点を抱えています。

直接原価計算のメリットをお話しする前に、ここで「ある状況下での全部原価計算の問題点」について解説いたします。

簡単にいうと、前期と当期で在庫の変動が激しい場合、売上高が同じでも、利益が大きく増えたり減ったりして、業績判断を誤らせる危険性があるのです。

C工場のケース

とりあえず、簡単な事例でみていきましょう。

[C工場の事例]

- **C工場は、Zという製品を製造・販売しています。**
- **費用は材料費（変動費）と家賃（固定費）の2つの費目しかないとします。**
- **毎月の固定費は18万円。**
- **製品Zの1個当たりの材料費は0.75万円。**
- **製品Zの1個の売価は1.2万円。**

以下に、C工場の5月と6月の生産・販売実績を示します。

5月の生産・販売実績

（1）生産数量40個

※材料費0.75万円×40個＝30万円

（2）販売数量40個（月末在庫0個）

（3）5月の変動費の売上原価…

（材料費30万円÷生産量40個）×販売量40個＝30万円

（4）5月の固定費の売上原価…

（家賃18万円÷生産量40個）×販売量40個＝18万円

売上高48万円（1.2万円×販売量40個）から、変動費の売上原価（材料費）30万円と固定費の売上原価（家賃）18万円を差し引いたら、利益は0円です。

ここまでは、よろしいですね。

6月の生産・販売実績

（1）生産数量80個

※材料費0.75万円×80個＝60万円

（2）販売数量40個（月末在庫40個）

（3）6月の変動費の売上原価…

（材料費60万円÷生産量80個）×販売量40個＝30万円

（4）6月の固定費の売上原価…

（家賃18万円÷生産量80個）×販売量40個＝9万円

いかがですか？

6月の場合、5月と同じ販売数量で、変動費の売上原価も変わりませんが、固定費の売上原価が、80個つくったうちの40個（半分）しか計上しないので5月の半分の9万円となり、その分利益が出てしまいました。

期末の在庫が非常に多く出ると、販売数量が同じでも、固定費の一部が在庫の評価にまわされますので、固定費の売上原価が少なくなり利益が出てしまう、というミステリーが起きるのです。

これが、ある状況での全部原価計算の問題点です。

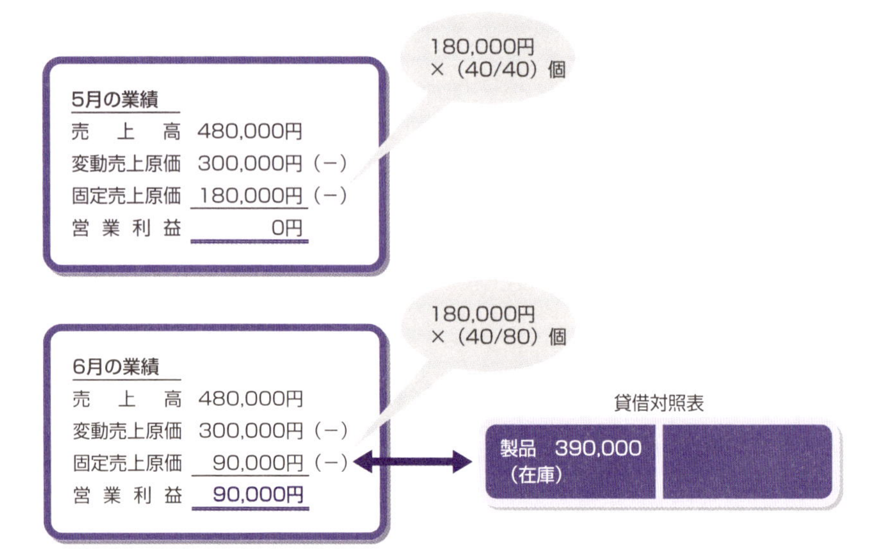
全部原価計算制度によるC工場の業績データ
180,000円
×（40/40）個
5月の業績
売　上　高　480,000円
変動売上原価　300,000円（−）
固定売上原価　180,000円（−）
営 業 利 益　0円
180,000円
×（40/80）個
6月の業績
売　上　高　480,000円
変動売上原価　300,000円（−）
固定売上原価　90,000円（−）
営 業 利 益　90,000円
貸借対照表
製品　390,000
（在庫）

7-4 直接原価計算制度の特徴

全部原価計算制度をとっていた場合、多くつくってその一部を当月に販売する、すなわち「意図的に月末在庫をつくる」という生産・販売計画を立ててしまうと、利益操作の手段にさえなってしまいます。この点、直接原価計算を採用すると、その問題点がクリアーになります。

前節では、全部原価計算制度をとっていた場合、多くつくってその一部を当月に販売する、というふうに「意図的に月末在庫をつくる」という生産・販売計画を立ててしまうと、固定費の一部が在庫の評価額にまわって、当月の売上原価を少なくし、その分だけ利益を多くみせることが可能になる、ということがわかりました。

C工場のケース（直接原価計算の場合）

そこで、おなじC工場のZ製品に関する5月と6月の業績を、直接原価計算制度により計算してみましょう。

では、5月と6月の生産・販売実績をもういちど確認します。

5月の生産・販売実績

（1）生産数量40個

　※材料費0.75万円×40個＝30万円

（2）販売数量40個（月末在庫0個）

（3）5月の変動費の売上原価…

　（材料費30万円÷生産量40個）×販売量40個＝30万円

（4）5月の固定費発生額…家賃18万円

売上高48万円（1.2万円×販売量40個）から、変動費の売上原価（材料費）30万円と固定費発生額の18万円を差し引いたら、利益は0円です。

6月の生産・販売実績

（1）生産数量80個

※材料費0.75万円×80個＝60万円

（2）販売数量40個（月末在庫40個）

（3）6月の変動売上原価…（材料費60万円÷生産量80個）×販売量40個＝30万円

（4）6月の固定費発生額…家賃18万円

6月の実績は、売上高48万円－変動売上原価30万円－固定費発生額18万円＝0円と、5月と同じ結果が出ました。

いかがですか？

全部原価計算の場合は、固定費の一部が6月末の在庫評価にまわされたため、固定費の売上原価が18万円ではなく9万円となってしまったのが、同じ売上なのに利益が異なる原因でした。

しかし、直接原価計算は、売上高と直接の比例関係にある変動費のみを製品原価（売上高・在庫評価額）としますので、固定費は、つねに発生額が全額その月その月の費用として計上されます。

よって、業績管理目的で損益計算書をつくる場合、在庫の著しい変動にも、営業利益が影響を受けない直接原価計算という方法が有効になるのです。

直接原価計算制度によるC工場の業績データ

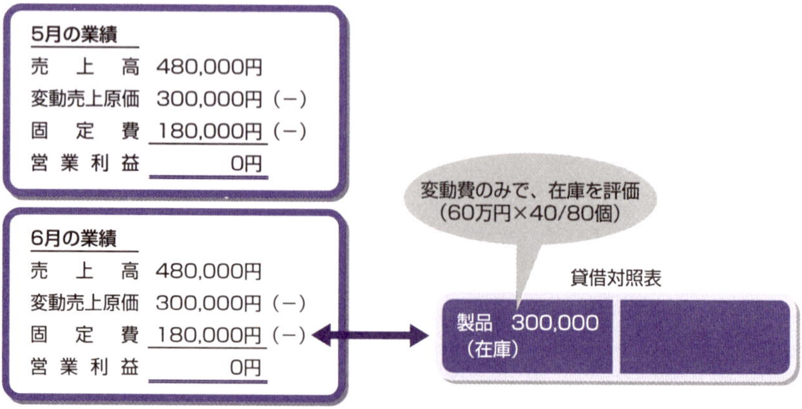

5月の業績

売　上　高	480,000円	
変動売上原価	300,000円	（－）
固　定　費	180,000円	（－）
営 業 利 益	0円	

6月の業績

売　上　高	480,000円	
変動売上原価	300,000円	（－）
固　定　費	180,000円	（－）
営 業 利 益	0円	

変動費のみで、在庫を評価
（60万円×40/80個）

貸借対照表

製品 300,000
（在庫）

7-5 直接原価計算の損益計算書

直接原価計算を採用した場合に損益計算書をつくると、「売上高から変動費を控除した利益」を計算することになります。これを「限界利益」または「貢献利益」といいますが、この利益概念が、管理会計上大きな意義を持ちます。

「限界利益」とは？

直接原価計算は、工場で発生する製造原価および本社・営業所などで発生する販売費・一般管理費を、「変動費」と「固定費」の2種類に分け、(1) 売上高から、(2) 変動費を差し引いて限界利益（貢献利益）を計算し、そこから (3) 固定費を差し引いて営業利益を計算するための原価計算方法です。

ここで大事なのは、**限界利益**という用語です。

限界利益は「marginal profits」という英語の訳ですが、むしろ「マージン (margin)」という言葉を連想していただけると分かりやすいでしょう。

売上に連動する利益率

もともと、経済学的な定義としては、「追加的一単位の生産（販売）増によって増える利益」ということなのですが、ちょっとわかりにくいですね。

「いまの売り上げ（＝現段階での限界）よりも、ちょっと売り上げが増えたら、これくらいの割合で利益も増えますよ」という、売上に連動する利益率という感覚の方がイメージしやすいかもしれません。

そもそも、限界という日本語のニュアンスがピンと来ませんね（今の限界を超えた売上増に比例して取れる利益という感じですが…）。

ともあれ、「売上から変動費を引いた利ざや（マージン）」くらいの理解で、十分です。

なお、現在では、限界利益という用語よりも、歴史は浅いですが、限界利益ではなく**貢献利益**という用語で表現する会計本なども多くなっています。簡単にいえば、「P ／ L表示上、そのすぐ下の固定費の回収に貢献する利益」という感じなのですね。私個人としては、貢献利益という言葉の方が、ポジティブで好きです。

経営管理の道具としての限界利益

限界利益（貢献利益）は、売上高の増減に連動（比例）します。

細かく用語の言い回しに気を使うより、むしろこの「**売上と比例関係にある**」という性質を理解することの方が、よほど重要です。

なぜか？

その理由の一つは、来年の目標利益を限界利益ベースで決定すれば、それから逆算して「目標の売上高」を求めることができるからです。このほかにも、いろいろと経営管理の道具としては使い勝手が良い利益概念なのです。

本節では「売上高と限界利益の関係およびP ／ L表示」というテーマに絞って理解していただき、そこからの発展的な知識は、次節のお楽しみといたしましょう。

直接原価計算における損益計算書（P ／ L）の表示例

損益計算書（単位：万円）	
売　上　高	6,000
変動売上原価	3,900
変動製造マージン	2,100
変動販売費	300
限界利益（貢献利益）	1,800
固　定　費	1,320
営業利益	480

限界利益率
（1,800円÷6,000）
×100＝30%

7-6 損益分岐点とは

日経新聞や企業の財務記事でもときどき目にする損益分岐点について学習しましょう。損益分岐点（break-even point）とは、利益がゼロの状態です。それ以上の売上ならば利益が出るが、それ以下の売上ならば損失になるという臨界点のことです。ちなみに、損益分岐点の状態にある売上高のことを、損益分岐点売上高といいます。

損益分岐点の状態をあらわす損益計算書

では、損益分岐点の状態を表す**損益計算書**とは、どんなものなのか。

たとえば売上高5000万円の会社があったとして、その会社の変動費率（売上高に対する変動費の割合）を70%とします。そして、固定費の額を1500万円としますと、この事例の会社の損益計算書は下記のようになります。

（1）売上高5000万円
（2）変動費3500万円（5000万円×0.7）
（3）固定費1500万円
（4）営業利益0円

（4）の営業利益は、売上高－変動費（売上高×70%）－固定費と計算できますね。

なお、この場合、限界利益（貢献利益）は5000万円－3500万円＝1500万円（限界利益率は売上高の30%）です。このような利益ゼロの状態を**損益分岐点**といいます。

損益分岐点を算出してみる

つぎに、変動費率と固定費の額が分かっている場合、その企業の損益分岐点売上高がいくらになるかを求める練習をしてみましょう。

例として、変動費率が60%、月間の固定費が300万円の会社があったとします。

　求める売上高をxとおきますと、その会社の損益分岐点売上高は、つぎのような式で表せます。

売上高－変動費－固定費＝0と考えて
売上高（x）－0.6×売上高（x）－固定費300万円＝0を解く。
x－0.6x－300＝0
0.4x＝300
x＝750万円

　つまり、損益分岐点売上高は750万円と求められたわけです。
　ためしに、検算してみましょう。

　売上高750万円－750万円×0.6－300万円＝750万円－450万円－300万円＝0円

　たしかに、利益がゼロになりました。
　つまり、**変動費率**と**固定費の額**という、2つの原価データを持っていれば、損益分岐点売上高を求めるのは簡単だ、ということなのです。

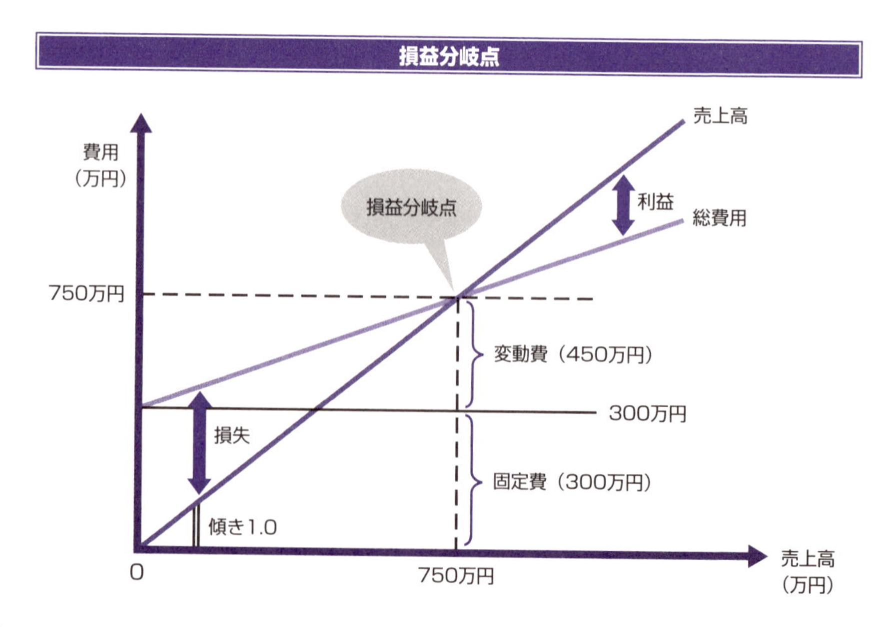

7-7 損益分岐点分析の応用①

損益分岐点分析は、応用範囲が広いです。基本は「売上－変動費－固定費＝利益ゼロ」の状態における売上高を求める、という作業ですが、この等式の右側利益ゼロ」を「目標利益」とおくと、「売上－変動費－固定費＝目標利益」となり、予算達成のための必要売上高が求められたりします。

目標利益を達成するための売上高を求める

ここでは、損益分岐点売上高の考え方を応用して、目標利益を達成するために必要な売上高の求め方を解説いたしましょう。

たとえば、前事業年度において、つぎのような業績の会社があったとします。

売上高　8000万円
変動売上原価　4320万円
変動販売費　480万円
固定製造原価　1880万円
固定販売費　300万円
一般管理費（固定費）　700万円

ここで、直接原価計算の考え方にしたがって、限界利益（貢献利益）、変動費率、限界利益率、固定費の額をそれぞれ求めてみましょう。

[限界利益]
売上高8000万円－変動売上原価4320万円－変動販売費480万円
＝3200万円
[変動費率]
変動費4800万円（4320万円＋480万円）÷売上高8000万円＝

0.6（60%）
[限界利益率]
原価利益3200万円÷売上高8000万円=0.4（40%）

[固定費の額]
固定製造原価1880万円+固定販売費300万円+一般管理費700万円=2880万円

以上で、データが出揃いました。

変動費率が0.6で固定費が2880万円です。

以上の前期データをもとにして、当期の目標売上高を求めてみましょう。

ここで、経営者の意思として、当期の目標利益を400万円に設定したとします。目標の営業利益400万円を達成するための売上高は、いくらになるでしょうか。

ここで、求める売上高をxとしますと、つぎのような式が成り立ちます。

売上高−変動費−固定費=目標営業利益
x−0.6x−2880万円=400万円

このxを解くと、0.4x=3280万円より、x=8200万円となります。

つまり、当期の目標利益400万円を実現するためには、8200万円を売上げよう、という売上の達成目標が計算で簡単に求められるわけです。

これは、損益分岐点売上高の考え方を応用した、もっともシンプルな利用法です。

目標売上高の算出

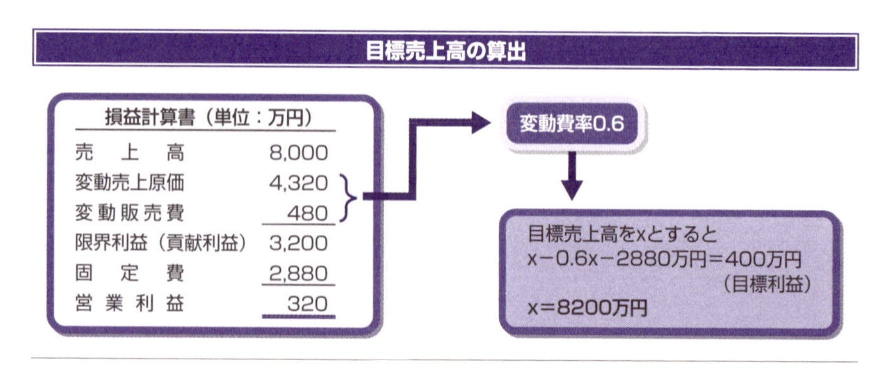

7-8 損益分岐点分析の応用②

前節では、目標利益の額を最初に明示して、その目標利益額を達成するための売上高を求めました。ここでは、目標利益を「売上の○○%」や「総資産の○○%」といった設定方法に応用して計算してみたいと思います。

ひきつづき、損益分岐点売上高の応用的な管理手法です。

前節では、目標利益の額を設定し、それに見合った目標売上高を求める、というプロセスでした。

しかし、利益計画上、かならずしも利益の絶対額ではなく、たとえば売上高に対する××%の利益率とか、バランスシート上の総資産に対する○○%の利益率を達成したい、というように、売上高や総資産に対する利益率を基準に利益目標を設定することもあります。

目標利益率に基づく目標売上高を算出する

では、事例として、前節の損益計算書をベースに、つぎのような追加資料に基づき、「目標利益率を達成するための売上高」を求めてみましょう。

追加資料
前期末のバランスシート上の総資産…12800万円
予算案1　当期の目標利益率を「売上高営業利益率8%」とする。
予算案2　当期の目標利益率を「総資産利益率7.5%」とする。

さて、これらの追加資料を基に、まずは売上高利益率8%を達成するための目標売上高を求めてみましょう。計算式はつぎのとおりです。

x－0.6x－2880万円＝0.08x

これを解くと「0.32x=2880万円」となり、答えは9000万円の売上高となります。

つぎに、総資産利益率7.5%を達成するための目標売上高です。

$$X-0.6x-2880万円=12800万円\times0.075$$

これを解くと「0.4x=3840万円」となり、目標売上高は9600万円になりますね。

結論として、予算案2の方が、目標売上高が高くなります。

利益率を目標とした売上高の計算、なかなかパズルみたいで面白いですし、実践的でもあります。

この機会に、ぜひマスターしましょう。

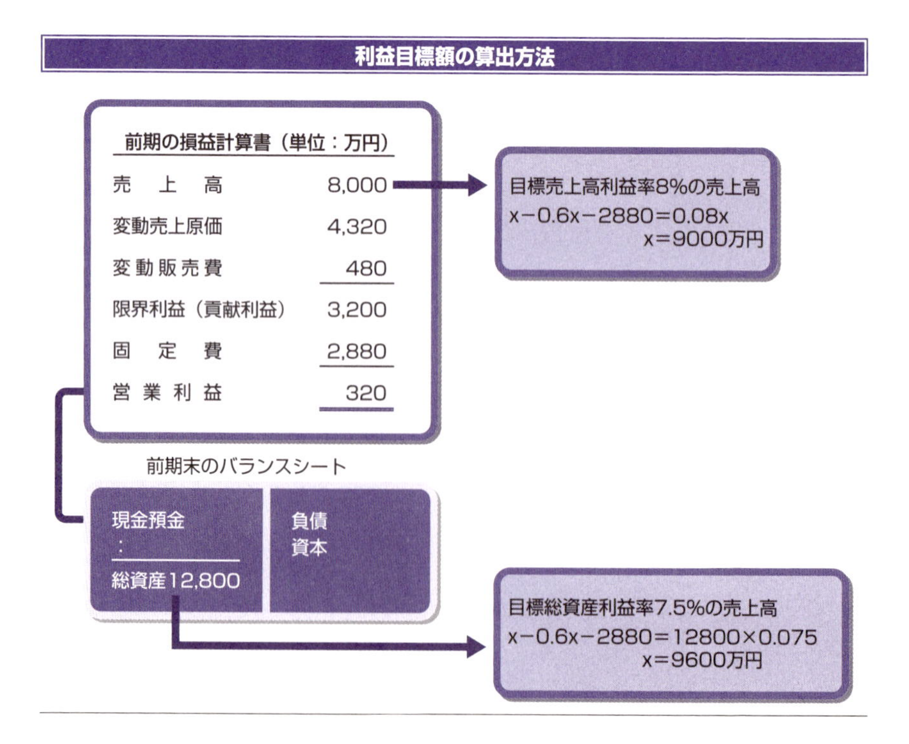

7-9 安全余裕率

これまでの学習で、損益分岐点、変動費率、限界利益、固定費、目標利益達成のための売上高の求め方などについて、おおまかなイメージがつかめましたね。そこでつぎに損益分岐点の考え方を使った財務分析手法について学習しましょう。まずは「安全余裕率」です。

これまでの学習で、損益分岐点、変動費率、限界利益、固定費、目標利益達成のための売上高の求め方などについて、だいたいのことが理解できたと思います。

ここでは、損益分岐点の考え方を使った財務分析手法について、解説していきます。

本節の**安全余裕率**と、次節の損益分岐点比率は、いずれも管理会計の実務上、とても利用価値の高い財務分析指標ですので、ぜひここでマスターしてください。

安全余裕率とは

では、まず安全余裕率からいきましょう。

安全余裕率とは「いまの売上高が、次期に何パーセント下がっても、まだ赤字にならないか？」という現状を知るための財務比率です。

計算式は、つぎのようになります。

安全余裕率＝（現在の売上高－損益分岐点売上高）／現在の売上高（％）

式の分子は「現在の売上高－損益分岐点売上高」なので、損益分岐点の水準を今の売上高がどれだけ超過しているか、という余裕額を表します。

それに対して、分母は現在の売上高となります。

つまり、「損益分岐点を上回っている余裕額／現在の売上高」という比率なのですね。

安全余裕率を算出する

では、205ページ「目標利益を達成するための売上高を求める」のところで用いた前期の損益計算書をデータとして利用し、前期の売上高8000万円の安全余裕率を求めてみましょう。

まずは、損益分岐点売上高の確認です。

損益分岐点売上高は「x−0.6x−2880万円=0」より、7200万円ですね。

つぎに、前期の実際売上高が8000万円ですから、損益分岐点売上高7200万円を超過している安全余裕額は800万円です。

ここまでくると、安全余裕率は、簡単に求められますね。

安全余裕率　800万円÷8000万円=10%

つまり、前期の売上高を基準として、そこから10%売上がダウンしても、まだ赤字にならない水準である、ということがわかりました。

安全余裕率という財務分析比率、ぜひ覚えておきましょう。

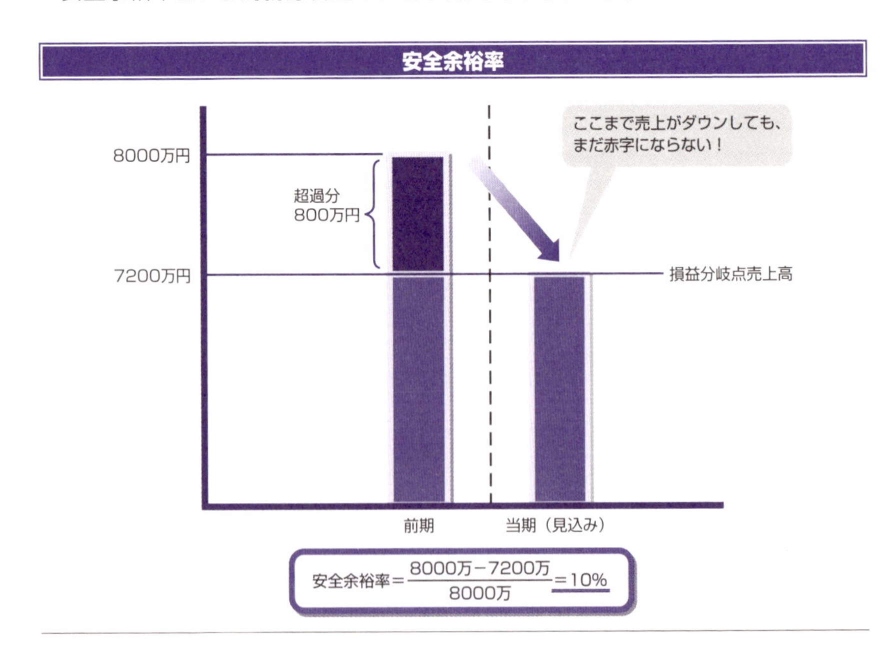

7-10 損益分岐点比率

安全余裕率と並んで、損益分岐点の応用技術として重要な財務分析手法に「損益分岐点比率」というものがあります。日経新聞などの記事をみると、安全余裕率よりもこの損益分岐点比率に関する話題の方が、取り上げられやすいようですね。

損益分岐点比率とは

安全余裕率と並んで、損益分岐点の応用技術として重要な財務分析手法に、**損益分岐点比率**というものがあります。

損益分岐点比率とは、損益分岐点売上高と実際の売上高との比率のことです。

これがどんな意味かを持つか、といいますと、「現在の売上高が『○○%になっても』まだ赤字にならない」という指標なのです。

安全余裕率の意味と並べてみてみましょう。

安全余裕率＝いまの売上から「何%下がっても」赤字にならないか？
損益分岐点比率＝いまの売上が「何%になっても」赤字にならないか？

いかがでしょうか。

たとえば、今の売上が100として、損益分岐点売上高が80とすると、こうなります。

安全余裕率
(100−80)／100=20%
→いまの売上から「20%下がっても」赤字にならない

損益分岐点比率
80／100=80%
→いまの売上が「80%になっても」赤字にならない

このように、簡単な事例で数字を当てはめてみると、理解しやすいですね。

ちなみに、前節の事例をここで利用しますと、損益分岐点比率は「損益分岐点売上高7200万円／前期の実際売上高8000万円＝0.9（90%）」ですね。

なお、ここで一つ興味深い現象をお話しますと、「安全余裕率＋損益分岐点比率＝100%（1.0）」になります。

たしかに、安全余裕率10%と損益分岐点比率90%をたすと100%になります。

これは、「実際の売上高と損益分岐点売上高の関係」を、別の角度から見たにすぎない、ということを意味しています。

余裕額（A）＋損益分岐点売上高（B）＝実際の売上高（C）

という関係式を考えたとき、「A ／ C」が安全余裕率、「B ／ C」が損益分岐点比率です。

なお、損益分岐点比率は、低いほど望ましく、だいたい90%が全産業平均としての経験的な目安になると思います。

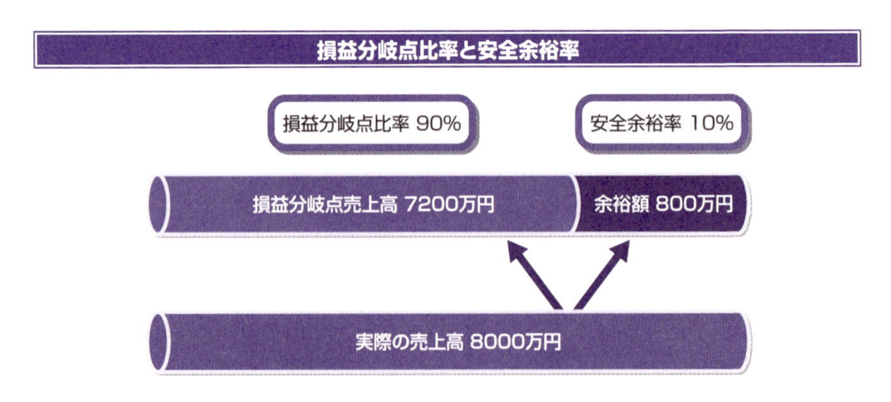

7-11 直接標準原価計算

直接原価計算は「利益管理」のために採用される原価計算方法です。そして、標準原価計算は「原価管理」のために採用される原価計算方法です。両者の目的を同時に達成しよう、というある意味欲張りな発想で採用されるのが、これらを合体した「直接標準原価計算」なのです。

いいとこ取りの原価計算方法

直接原価計算は、利益管理（業績管理）をやりやすくするために、原価を変動費と固定費に分類し、限界利益（貢献利益）から固定費を控除する形で営業利益を計算する原価計算の方法です。

いっぽう、売上高などの収益から控除される原価について、原価管理の観点から標準直接材料費・標準直接労務費・標準直接経費・標準製造間接費、および標準販売費をもって計算する**標準原価計算**という方法がありました。

ここで、利益管理の観点から原価を固定費と変動費に分類し（直接原価計算）、原価管理の観点からそれぞれの原価については標準原価を設定するという、いいとこ取りのような原価計算方法があります。

このような原価計算方法を**直接標準原価計算**といいます。

直接標準原価計算制度を利用すれば、原価差異分析を行って原価管理をすると同時に、固定費を製品に配分しない直接原価計算を採用して各月の利益を正しく把握することが可能となります。

実際の計算例

では、計算例で確認してみましょう。

A工業株式会社は、当期に売価9万円の製品を1000個販売しました。つまり、売上高9000万円です。これに対し、当期の原価データは、つぎのページの表のとおりとなりました。

A工業株式会社のケース

	製品1個当たりの標準原価	標準原価	実際の原価		原価差異
直接材料費（変動費）	3万円	3000万円	3100万円	→	▲100万円
直接労務費（変動費）	2万円	2000万円	2080万円	→	▲80万円
変動製造間接費	1万円	1000万円	1020万円	→	▲20万円
変動販売費	0.5万円	500万円	525万円	→	▲25万円

※なお、当期の固定費は、製造原価・販売費及び一般管理費を合計して2050万円で、標準原価も実際原価も同じ。

以上をもとにすると、売上高9000万円、標準変動売上原価は6000万円（材料費3万×1000＋労務費2万×1000＋間接費1万×1000)、標準変動販売費500万円、固定費2050万円ですから、限界利益は2500万円、営業利益は450万円となります。

なお、原価管理上は、直接材料費差異▲100万円（3000−3100)、直接労務費差異▲80万円（2000−2080)、製造間接費▲20万円（1000−1020)、変動販売費▲25万円（500−525）と、原価差異を把握することができますね。

このように、利益管理面と原価管理面のメリットを同時に追及できるのが直接標準原価計算なのです。

直接標準原価計算における損益計算書

直接標準原価計算における損益計算書	
売上　高	9,000万円
標準変動売上原価	6,000万円
標準変動販売　費	500万円
標準限界利　益	2,500万円
原価差　異	225万円
実際限界利　益	2,275万円
固定　費	2,050万円
営業利　益	225万円

第8章

意思決定と原価計算

本章では、未来に目を向けてみたいと思います。紹介するのは特殊原価調査の基本的な手法ですが、数字のパズルみたいで、おもしろい、と感じる人も多いので、大いに興味が持てるかもしれません。

8-1 意思決定の意味と手順

特殊原価調査は企業活動における意思決定の場面で効果的に活用されます。では、意思決定のプロセスで原価計算がどのように寄与するのか、考えていきます。

意思決定とは

第7章までは、過去の実績をいかに正しく集計し、「過去にどれだけ儲けたか」の利益を計算するとともに、過去に起きたことを資料とした原価管理および利益管理を行うための原価計算テクニックを学んできました。

そこで、本書の最終章では、未来に目を向けてみたいとおもいます。

具体的には、経営管理者の立場で、「将来、どこそこに工場を新設して新規事業に進出すべきか否か」とか、「現在の標準品に追加加工を施すことによって新製品を発売すべきか否か」とか、「ある設備を購入すべきかリースすべきか」などの、二者択一的な判断基準の求め方について、いくつかのテクニックをみていきましょう。

いずれにせよ、そのときの判断基準として最も重要なのは、「いずれの案を採用したほうが、キャッシュフロー*が大きいか？」という視点です。

このような経営管理上の判断を、意思決定といいます。

経営の視点と原価計算

会社の組織というのは、トップを経営者とすると、下の現場レベルに行けば行くほど、機械的・反復的な作業の割合が増えます。

その背景には、「昨日も今日も同じ本社・同じ工場・同じ営業所が存在していて、明日以降も、この基本的な環境は変わらない」ということがあります。

つまり、自分の周りの経営組織・経営環境を所与として、その枠組みのなかで作業をいかに効率よく行うか、という話が実際原価·標準原価の考え方の前提です。

しかし、経営者の視点は違います。

「いまの経営組織を維持すべきか、新規事業を立ち上げるべきか」「2つの有望

* 事業活動における現金及び現金同等物の収支。

な戦略案があった場合に、どちらを選んでどちらを捨てるべきか？」といった経営基盤の変更を伴うような判断が求められます。いうなれば、経営者は「企業活動の基盤や方向性を決める」のが仕事なんですね。

特殊原価調査に基づく意思決定プロセス

そこで、経営者の場合、原価計算はつぎの2つの計算方法に、大枠として分類できるのです。

原価計算の2つの方法
(1) 日常反復作業としての「原価計算制度」
(2) あるプロジェクトを臨時に評価するための「特殊原価調査」

そして、特殊原価調査によるデータをもとにした臨時の意思決定は、おおむねつぎのプロセスを経て行われるのが特徴的です。

「問題の確認」→「代替案の列挙」→「代替案の評価（数値化）」→「最有利案の選択」→「決裁権限者の承認」

いうなれば、「事業構造の変革をもたらす」ような「意思決定」に必要な判断資料を計算するための特殊な原価計算が「特殊原価調査」なのです。

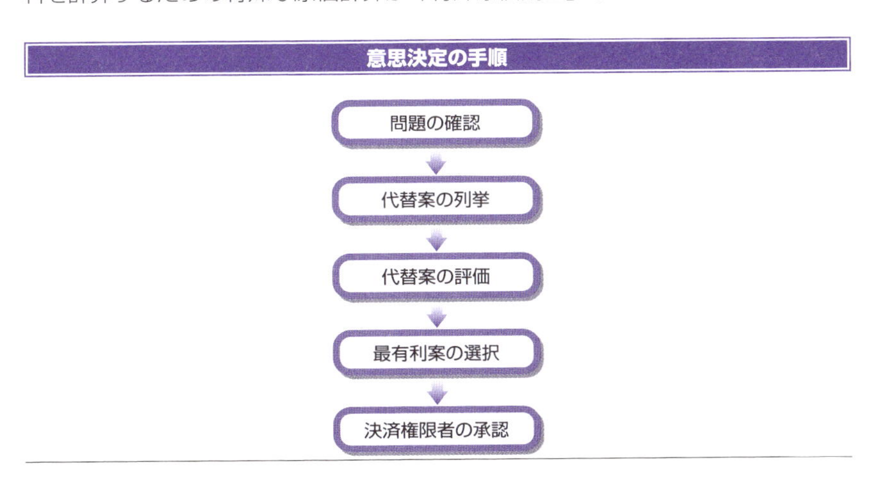

8-2 意思決定の種類

経営の場面で生じうる意思決定には、大きく分けて「戦術的意思決定」「戦略的意思決定」の2つがあります。

意思決定というのは、「ある経営目的を達成」するために、「複数の代替案（＝投資案）」を数値で「評価」し、「最適な案を選択」するプロセス・手続きであることがわかりました。

ここで、さまざまな経営の場面で生じうる将来の選択案件を、短期的な観点と長期的な観点から、2種類の意思決定領域に分けてみます。

戦術的意思決定

まず、第一に、短期的な観点からの意思決定とは何か、みていきましょう。

短期的というのは、だいたい「当事業年度中」という、近い将来における業務手続きの変更といったニュアンスになります。

つまり、現在の経営の基本構造（同一の設備状態など）を所与として、常時反復して行われる業務の変革の可否を検討するような場面です。

具体的な事例でいくと、つぎのようなテーマが考えられます。

短期的な意思決定の例

（1）新規の受注を受けるか否か

（2）これまで外注していた部品を内製するか否か

以上のように、生産設備の大幅な変更をせずに、現状の流れを変えるか変えないか、という感じの意思決定が中心になります。わりと目先の話ですね。

このような短期的な意思決定のことを、**戦術的意思決定**とか**業務執行的意思決定**などと呼びます。

戦略的意思決定

短期の戦術的意思決定に対して、経営の基本構造を変えるような長期的な意思決定があります。

戦略的意思決定とか、**構造的意思決定**と呼ばれる種類の意思決定プロセスです。

たとえば、つぎのような案件があります。

長期的な意思決定の例

(1) 自動化設備を導入するか否か

(2) 現有設備を更新すべきか否か

(3) 設備をリースするか購入するか

このような意思決定の事後的な効果は、通常、設備の導入と耐用年数がきたときの処分・廃棄といった数年間の時間の幅を考慮して、その期間中のキャッシュフロー（資金の流出入）を測定しますので、3年後の収入とか4年後の支出とかまで想定して、スケジュールを立てます。

ここで、「3年後の100万円と現在の100万円の価値が同じなのか？（時間価値の問題）」にまで踏み込むのが、戦略的意思決定の特徴です。

次節以降、戦術的意思決定と戦略的意思決定について、ビジネスマンとして知っておきたい基礎知識を解説することにいたします。

戦略的意思決定と戦略的意思決定

戦術的意志決定
日常反復的な業務の変更 ………
1年目　2年目　3年目　4年目　5年目
戦略的意志決定
経営の基本構造の変更

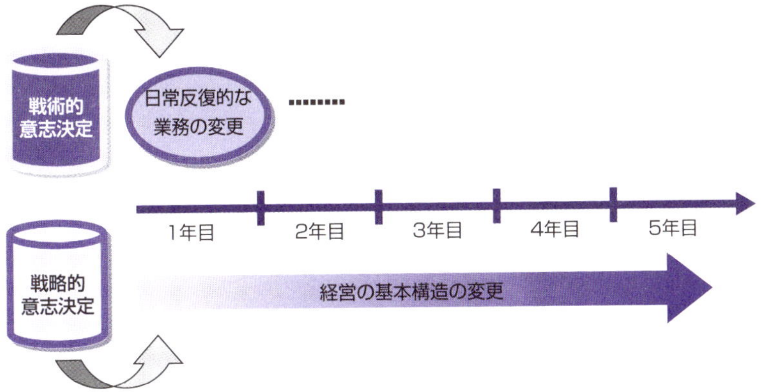

8-3 戦術的意思決定の事例①

ここでは戦術的意思決定の典型的なケースをみていきます。ある生産工場に新規受注の依頼が入りました。注文を受けるべきか否か、差額原価を分析して判断する手法を紹介します。

発注価格の値引き―赤字受注になるかどうか？

では、ここから意思決定に関する各論です。

まずは、戦術的意思決定の基本的な事例を見ていきましょう。

A工場における先月（4月）の生産実績その他の資料を下に示します。

[A工場の先月（4月）の生産実績ほか資料]

生産・販売量	500個
製品1個当たりの直接作業時間	3時間
直接作業時間	1500時間
A工場の実際的生産能力	2000時間
製品の売価	1個当たり6万円
直接材料費（変動費）	1300万円 ①
変動加工費	400万円 ②
固定加工費	800万円 ③
製造原価	2500万円(①+②+③)
変動販売費	100万円
固定販売費・一般管理費	70万円

仮に5月、6月とも、4月とまったく同じ実績になると予想されたとしましょう。

500個の生産販売で1500時間の作業ですから、実際的生産能力2000時間に対して、500時間の遊休時間の発生が予想されています。

ここで、それまでまったく取引のなかったX社から、新規の注文250個の依頼がありました。

しかし、A工場の遊休時間を利用するということで、X社は、通常の売価6万円よりも25%も安い「4.5万円」の発注価格を提示してきました。

1個当たりの製造原価が5万円（製造原価2500万円÷500個）ですから、このままでは、「赤字受注」になってしまうのでしょうか？

差額原価を分析する

じつは、ここで意思決定問題に特有の原価概念を用います。

大事なのは、**埋没原価**という原価で、受注案、あるいは受注拒否案のどちらを採用しても、固定加工費の額800万円は変化しません。

このように、どちらの代替案でも変わらない原価を埋没原価といい、案の評価から除外します。

逆に、代替案のどちらをとるかで発生額が異なる原価を**差額原価**といいます。

では、どれが差額原価かといいますと、A工場の例では、

直接材料費1300万円＋変動加工費400万円＋変動販売費100万円＝1800万円

これが差額原価です。これを1個当たりで計算すると、1800万円÷500個＝3.6万円になりますね。

そして、X社が提示してきているのは1個当たり4.5万円ですから、まだ差額の利益が0.9万円出るわけです。これなら、1個当たりの新規受注0.9万円×250個＝225万円の**差額利益**が発生しますので、受注をした方が得です。この225万円の差額利益は、固定費の回収に役立ちますし。

このように、差額原価・埋没原価・差額利益といった概念を使うと、新規受注の可否の判定ができるようになるのです。

差額原価の分析

●差額原価の分析

1.差額収益(代替案によって変わる収益)
　4.5万円×250個=1125万円

2.差額原価
　3.6万円×250個=900万円

3.差額利益　　　　225万円

【結論】差額利益(儲け)が出るので、新規の注文を受けた方が有利である。

8-4 戦術的意思決定の事例②

もうひとつ、戦術的意思決定の問題としてポピュラーなものを取り上げてみましょう。内製と外注のどちらがコスト面で有利か、という製造業にはおなじみの意思決定の場面です。

内製と外注、どっちがおトク？

B社は、従来から部品Zを単価7000円で購入しています。現在、工場における操業度が70%と、生産能力の30%の遊休時間が生じているため、その空き時間を有効活用するために部品Zを自社内で製作する案を検討することにしました。

B社では、最終製品をつくるために、部品Zを年間8000個必要としています。

これまでは、1個7000円で8000個を購入していたので、年間5600万円も部品の購入代金がかかっていました。

そこで、原価計算担当者に命じて、自社内で部品Zをつくるとした場合の追加的な原価がいくらになるか、見積もりをさせました。

その結果、つぎのようなデータがそろいました。

直接材料費（変動費）　単価2000円
直接労務費（変動費）　単価1500円
変動製造間接費　単価1500円
部品Zをつくるための特殊な装置の年間リース料（固定費）900万円

差額原価分析にもとづいて判断する

以上のデータをもとに、差額原価分析をしてみましょう。

[内製案]

年間8000個の部品Zの差額原価

・直接材料費　2000円×8000個＝1600万円

・直接労務費　1500円×8000個＝1200万円

・変動製造間接費　1500円×8000個＝1200万円

・年間リース料　900万円

[外注案]

年間8000個の部品の外注費

・購入代金　7000円×8000個＝5600万円

内製案の差額原価は、直接材料費、直接労務費、変動製造間接費、年間リース料を足した4900万円（1600万＋1200万＋1200万＋900万）となります。

以上より、外注案5600万円－内製案4900万円＝700万円ほど内製案の原価が安いため、差額原価が節約できることから、部品Zの内製に切り替える意思決定が有利、と判断されました。

このように、埋没原価を除き、代替案同士の差額原価を比較することで、さまざまな意思決定が可能になるのです。

差額原価の比較による意思決定の例

■外注案の差額原価

7000円×8000個
＝5600万円

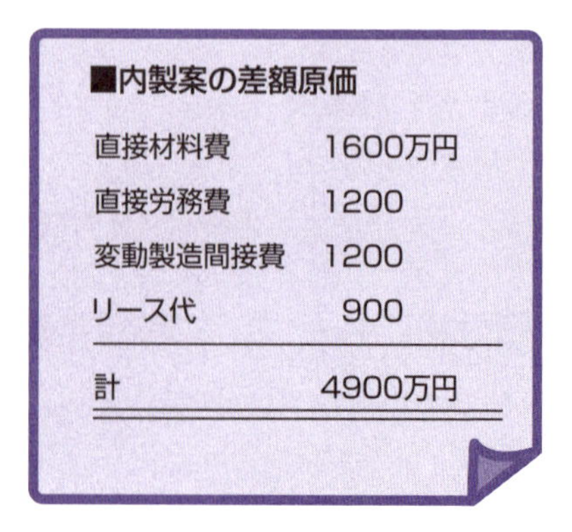

■内製案の差額原価

直接材料費	1600万円
直接労務費	1200
変動製造間接費	1200
リース代	900
計	4900万円

8-5 戦略的意思決定における投資案の評価方法

設備投資のような、長期的・戦略的視点が必要な投資案の評価は、前節までの戦術的・業務的意思決定とは違った計算方法が必要となります。ここでは、代表的で、かつイメージしやすい基本的な投資評価方法をご紹介いたしましょう。

設備投資のような、長期的・戦略的視点が必要な投資案の評価は、前節までの戦術的・業務的意思決定とは違った計算方法が必要となります。

ここでは、代表的で、かつイメージしやすい基本的な投資評価方法をご紹介いたしましょう。

具体的には、**回収期間法、投下資本利益率法、正味現在価値法**の3つです。

このうち、回収期間法と投下資本利益率法の2つは、今まで学習してきた会計的な原価計算の手法をベースに考えることができるので、比較的簡単です。

最後の正味現在価値法が、利子率の存在を踏まえた時間価値を計算に織り込みますので、やや高度な計算となります。

では、順に説明していきます。

回収期間法

回収期間法は、投下した資本の回収に要する期間が何年かかるかを投資案ごとに計算し、回収期間が短い方を有利とする判断方法です。

たとえば、A案は初期投資額が3000万円で毎年の現金流入額が平均して1000万円だとすると、A案の回収期間は3000万円÷1000万円＝3年となります。

これに対しB案の初期投資額が2500万円で毎年の平均現金流入額が500万円だとすると、B案の回収期間は2500万円÷500万円＝5年となり、A案のほうが早期に資金を回収できて、安全性が高いという判断が成り立ちます。

したがって、回収期間法は、収益性というよりは**投資案の安全性**を判断するのに適しており、投資案が多数ある場合の第一の絞り込み基準として使われるのに適しています。

投下資本利益率法

投下資本利益率法は、投資による利益を投資額で割るので、収益性を判定するのに適した指標です。

ある投資案の毎年の利益が50万円で投資額が1000万円なら、(50万円／1000万円)×100＝5%という投下資本利益率になります。

正味現在価値法

正味現在価値法は、投資後の各年度における**キャッシュフロー**（現金流入額）を合計し、そのキャッシュフローの合計額をもって投資案の評価額とする、という方法です。

つまり、各代替案のなかで、将来、より多くのキャッシュを生む投資案を最適とみなす判断基準になります。

ただし、この正味現在価値法を採用する場合、いまの現金100万円の収入と、5年後の100万円の現金の収入を同じ価値とはみなしません。

それはそうですよね。もしあなたなら、「5年後の100万円」と「いまの99万円」のどちらを取りますか？　おそらく、今の99万円ですよね。

つまり、5年後の100万円の価値は、いまの99万円よりも劣る、という判断なのです。詳しくは次節で説明しましょう。

投資案の代表的な評価方法

■投資案の代表的な評価方法

1.回収期間法
投下資本の回収期間の短い方が望ましい

2.投下資本利益率法
(毎年の利益／投資額)が大きい方が望ましい

3.正味現在価値法
キャッシュ・イン・フロー(現在価値)の
合計が大きい方が望ましい

8-6 貨幣の時間価値

設備投資などをめぐって正味現在価値法で分析する場合、5年後の100万円の価値はいまよりも下がると述べました。このことは「貨幣の時間価値」といわれます。

複利計算で殖える貯金

たとえば、年の利回りが10%の世界を想像してみましょう。

銀行に100万円預ければ、1年後には「100万×（1+0.1）＝110万円」になって返ってきます。そして、さらに1年間その110万円を預けていたとします。

金利は、**複利計算**が基本ですので、110万円を新たな元本としてそれに10%の金利が上乗せされます。つまり、110万円×（1+0.1）＝121万円になるのです。

「今の100万円が、2年間寝かせるだけで121万円に…」

もう少し、計算してみましょう。

このまま、結果として10年間、10%の金利で預けたままにしておいたら…

100万円×（1+0.1）の10乗ですから、なんと10年後には約259万円にも膨らんで返ってくるのです。

何もしなくても、金利10%なら10年で約2.6倍ですから、複利計算の威力はすさまじいものがあります。

3年後の100万円の現在価値は？

この性質を応用すると、つぎのようなことが計算で求められるようになります。

「金利5%の世界で、3年後に100万円をA社に支払わなければならないとしたら、現在、いくらの現金を用意したらいいのか？」

3年後に、100万円を銀行から引き出して支払に充てればいいのですから、100万円を3回(1+0.05)で割り戻してやると、今必要な元金が明らかになります。

では、実際に計算してみましょう。

100万円÷1.05÷1.05÷1.05=約86.4万円

つまり、「いま86.4万円を用意して銀行に年利5%で預ければ、3年後には100万円を引き出すことができる」ということです。

いいかえるならば、「金利5%の世界では、3年後の100万円という貨幣の価値は、現在の86.4万円に等しい」という結論を得ることができるのです。

「金利5%の世界では、3年後の100万円=現在の86.4万円」なのですね。

このような状況を、「3年後の100万円の現在価値は86.4万円である」と表現するのです。

だから、同じ額の収入100万円でも、3年後にもらうよりは2年後、2年後にもらうよりは1年後、1年後にもらうよりはいまもらう方が、貨幣としての価値が高いのです。

この**貨幣の時間価値**という発想は、正味現在価値法で投資案を評価するときに用いますので、しっかりと覚えておいてください。

時間価値のしくみ

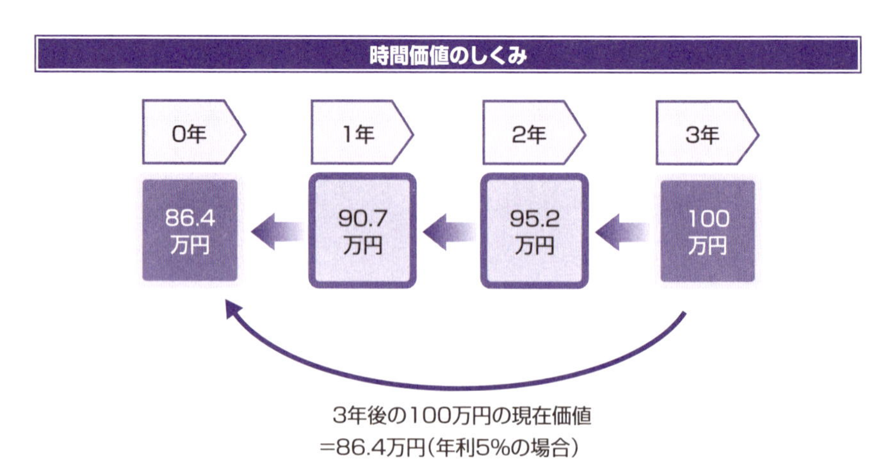

8-7 正味現在価値法による投資案の評価

正味現在価値法は、時間価値を考慮している点がほかの戦略的意思決定と決定的に違う点です。本節では具体的な数字を挙げながら、そのことを理解してみます。

設備投資のキャッシュフロー比較

正味現在価値法は、投資後の数年間におけるキャッシュフローを現在価値になおし、それらを合計してキャッシュフローの大きい方を有利な投資案として選択する意思決定の方法です。

前に学習した回収期間法と投下資本利益率法との決定的な違いは、**貨幣の時間価値**を考慮している点です。

このことを、事例で確認してみましょう。

C社は、現有設備の機械装置をあと3年使用し続けるか、それとも耐用年数3年の新設備に切り替えるべきかで悩んでいます。

そこで、原価計算担当者に、現有設備からもたらされるキャッシュフローと新設備のキャッシュフローを計算させました。

その結果がつぎのとおりです。

[現有設備案]
現有設備による年間の現金収入　毎年300万円
現有設備による年間の現金支出　毎年200万円
※300万−200万＝100万円（正味の収入）
3年後の現有設備の売却収入…30万円

[新設備導入案]

現有設備の売却処分による収入　150万円

新設備の購入による支出　400万円

新設備による年間の現金収入　毎年450万円

新設備による年間の現金支出　毎年250万円

※450万－250万＝200万円（正味の収入）

3年後の新設備の売却収入　40万円

[その他の資料]

・年利を5%として、現在価値を計算する。

・年利5%における1年後の100万円の現在価値は95.2万円、2年後の100万円の現在価値は90.7万円、3年後の100万円の現在価値は86.4万円とする（前節の図を参照）。

・税金や減価償却費の影響は考慮しないものとする。

以上をもとにして、現有設備案と新設備導入案を計算したのが次ページの図です。

結論を確認すると、現有設備案の正味現在価値は298.22万円、新設備導入案の正味現在価値は329.16万円ですから、差引で30.94万円だけ新設備導入案のほうがキャッシュフローが大きいので、新設備の導入を行った方が有利である、との判断ができるわけです。

各案の正味現在価値

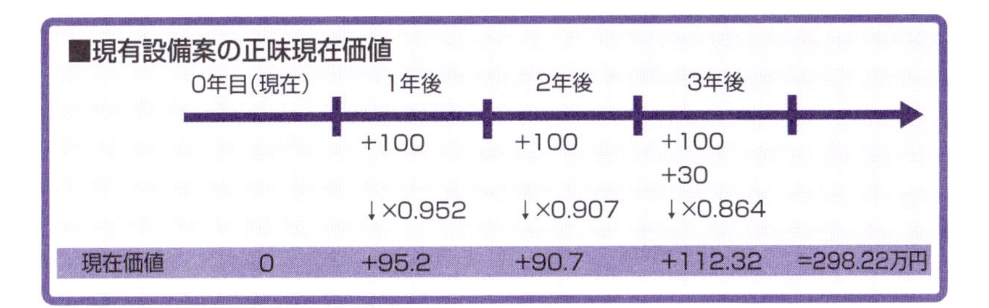
■現有設備案の正味現在価値
0年目(現在)
1年後
2年後
3年後
+100
+100
+100
+30
↓×0.952
↓×0.907
↓×0.864
現在価値
0
+95.2
+90.7
+112.32
=298.22万円

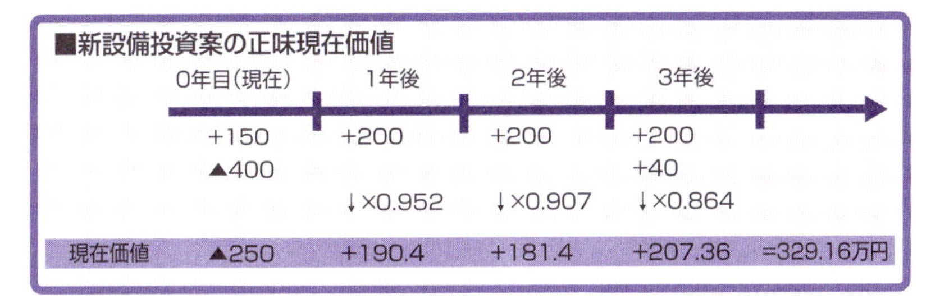
■新設備投資案の正味現在価値
0年目(現在)
1年後
2年後
3年後
+150
▲400
+200
+200
+200
+40
↓×0.952
↓×0.907
↓×0.864
現在価値
▲250
+190.4
+181.4
+207.36
=329.16万円

8-8 意思決定における原価概念

最後に、意思決定の分野でよく目にする原価概念の用語について、まとめておきます。具体的には「未来原価」「埋没原価」「差額原価」「機会原価」「現金支出原価」の5つが重要です。

意思決定における特殊原価のまとめ

最後に、意思決定の分野でよく目にする原価概念の用語について、まとめておきます。

意思決定は、基本的に「A案の差額原価またはキャッシュフロー」と「B案の差額原価またはキャッシュフロー」を比較して、有利な方を選択するプロセスですが、それぞれの計算を行う際には、第7章までに学習した制度としての原価計算とは異なった概念の原価を求めます。

具体的には、「未来原価」「埋没原価」「差額原価」「機会原価」「現金支出原価」の5つが重要です。

(1) 未来原価

意思決定は、将来の経営活動に対してなされます。意思決定のために想定される将来の原価は、すべて未来原価です。したがって、この後に説明する個々の意思決定のための原価は、すべて未来原価の一部です。

いいかえれば、意思決定目的のために予測されるすべての原価が未来原価なのです。

(2) 埋没原価

ある代替案を採用しても、他の代替案を採用しても、まったく変化しない原価を埋没原価といいます。

どちらの代替案を採用してもかかる原価ですから、あってもなくても同じ、ということで、意思決定のプロセスでは、無視します。

(3) 差額原価

経営活動が変化した結果として生じる原価の変動値を差額原価といいます。

代替案の評価を行うときは、差額原価を集計し、それぞれの差額原価を比較することにより、どちらが有利かを判断することができます。

なお、典型的な差額原価は変動費ですね。

(4) 機会原価

機会原価とは、各代替案のうちの1つを受け入れて、他を断念した結果として失われる利益のことです。たとえば、ラーメン屋を開業するか、居酒屋を開業するかで悩んでいたとして、ラーメン屋を開業しようと決めた場合に、居酒屋をやっていたら得られていたであろう利益のことを機会原価といいます。

この機会原価を上回る利益を得られなければ、その代替案を採用することはできません。

(5) 現金支出原価

ある代替案を選択した場合に、将来的に発生する現金支出を現金支出原価といいます。とくに、戦略的意思決定におけるキャッシュフローの計算のときに重要となります。

意思決定に用いられる特殊原価の諸概念

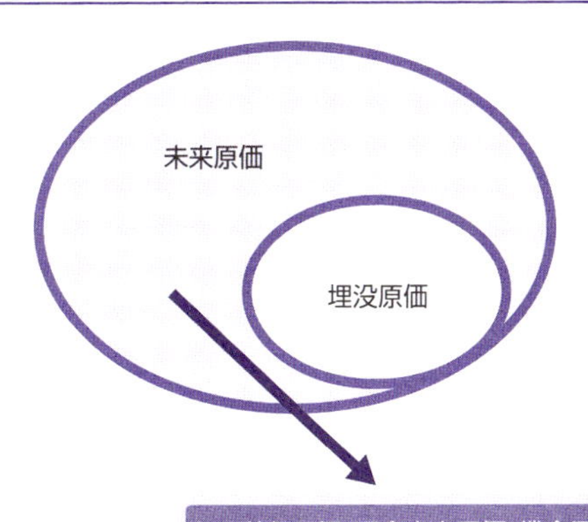

第9章

原価計算の簡単な計算例と表示例

具体的な計算例を使って、全部原価計算と直接原価計算の財務諸表表示について、学んでいきましょう。実際に計算し、書いてみることで理解が深まります。

9-1
全部原価の計算と財務諸表の表示

まずは、具体的な数値例を用いて、全部実際原価の計算と財務諸表への表記がどのように行われているかについての理解を深めていきましょう。第1章から第6章までの計算プロセスの成果をおおまかに決算書にまとめる作業の簡単な練習となります。

【問題】下記資料に基づき、全部原価計算による損益計算書を作成し、貸借対照表（×2期）の棚卸資産残高を求めなさい。

予定される販売価格と原価に関するデータ(X1期、X2期とも同じ)

(1) 販売価格：500円/個

(2) 製造原価：変動製造原価120円/個、固定製造原価600,000円/年
※変動製造原価の内容：材料費、時間給の賃金
※固定製造原価の内容：事務員の固定給与、経費

(3) 販売費及び一般管理費：変動販売費80円/個、固定販売費200,000円/年
一般管理費(すべて固定費)250,000円/年
※変動販売費：得意先に支払う販売手数料および製品の発送費用

生産・販売数量(各期首・期末とも仕掛品はなく、期首製品もなかった。)

	X1期	X2期
当期生産量	5,000個	6,000個
当期販売量	5,000個	5,000個
期末在庫量	0個	1,000個

解答用紙

全部原価計算による損益計算書

損　益　計　算　書　　(単位：円)

	X1期	X2期
売上高		
売上原価		
売上総利益		
販売費		
一般管理費		
営業利益		

貸借対照表(×2期)　(単位：円)

： 製　品 ：	

9-2 全部原価の計算と財務諸表の表示

いかがでしたでしょうか。1期目と2期目の大きな違いは、1期目が製品在庫がなく「生産量=販売量」のケースであり、2期目は生産量より販売量が少ないために製品在庫を生じさせている点です。同じ販売量でも、営業利益が変化する様子を意識してください。

模範解答

全部原価計算による損益計算書

損 益 計 算 書 (単位:円)

	X1期	X2期
売上高	2,500,000	2,500,000
売上原価	1,200,000	1,100,000
売上総利益	1,300,000	1,400,000
販売費	600,000	600,000
一般管理費	250,000	250,000
営業利益	450,000	550,000

貸借対照表(×2期) (単位:円)

:		
製 品	220,000	
:		

計算過程

1. 全部原価計算による損益計算書

(1) 売上高：500円/個×5,000個＝2,500,000円(各期とも同じ)

(2) 売上原価

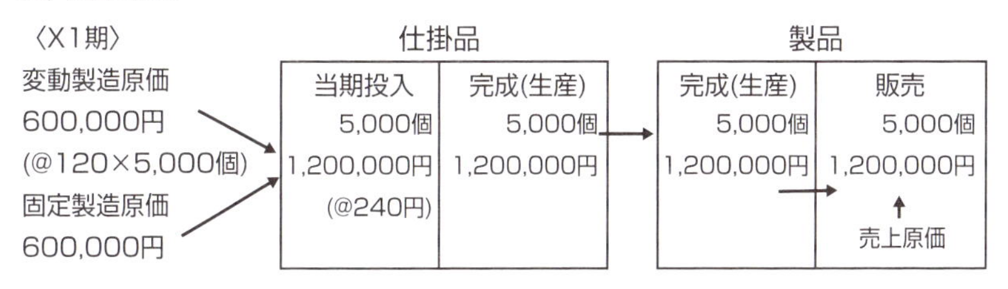

※固定製造原価の単位当たり金額：600,000円÷6,000個＝@100円
※売上原価 1,100,000円(5,000個)＝ 変動 600,000円＋固定 500,000円
※期末製品 220,000円(1,000個)　＝ 変動 120,000円＋**固定 100,000円**

(ポイント)
×2期において1,000個の製品在庫があるため、そこに固定製造原価が配分された分が利益の上昇要因となっている。

(3)販売費　80円/個×5,000個＋200,000円＝600,000円

(4)一般管理費　250,000円

9-3 直接原価の計算と財務諸表の表示

さきほどの全部原価計算に続き、同じ数値を使って、直接実際原価の計算と財務諸表への表記がどのように行われているかについての理解を深めていきましょう。第7章の直接原価計算に関する知識のポイントを確認するトレーニングになります。

【問題】
下記資料に基づき、直接原価計算による損益計算書を作成し、貸借対照表(×2期)の棚卸資産残高を求めなさい。また、損益分岐点売上高はいくらになるかも計算しなさい。

予定される販売価格と原価に関するデータ(X1期、X2期とも同じ)

(1) 販売価格：500円/個

(2) 製造原価：変動製造原価120円/個、固定製造原価600,000円/年
※変動製造原価の内容：材料費、時間給の賃金
※固定製造原価の内容：事務員の固定給与、経費

(3) 販売費及び一般管理費：変動販売費80円/個、固定販売費200,000円/年
一般管理費(すべて固定費)250,000円/年
※変動販売費：得意先に支払う販売手数料および製品の発送費用

生産・販売数量(各期首・期末とも仕掛品はなく、期首製品もなかった。)

	X1期	X2期
当期生産量	5,000個	6,000個
当期販売量	5,000個	5,000個
期末在庫量	0個	1,000個

解答用紙

直接原価計算による損益計算書

損　益　計　算　書　　(単位：円)

	X1期	X2期
売上高		
変動費		
貢　献　利　益		
固定費		
営　業　利　益		

貸借対照表(×2期)　(単位：円)

：	
製　品	
：	

※損益分岐点売上高は(　　　　　　)円である。

9-4 直接原価の計算と財務諸表の表示

直接原価計算では、期末の製品在庫が変動製造原価のみで構成されます(120,000円)。また、第1期・第2期の販売数量が同じ（5000個）である場合、在庫のあるなしに関わらず経営成果としての営業利益も同じになるため、全部原価計算と比較して、内部管理上は営業実態により適した利益管理ができるとされているのですね。

模範解答

全部原価計算による損益計算書

損　益　計　算　書　　(単位：円)

	X1期	X2期
売上高	2,500,000	2,500,000
変動費	1,000,000	1,000,000
貢　献　利　益	1,500,000	1,500,000
固定費	1,050,000	1,050,000
営　業　利　益	450,000	450,000

貸借対照表(×2期)　　(単位：円)

:		
製　品	120,000	
:		

※損益分岐点売上高は(　1,750,000　)円である。

直接原価計算による損益計算書

(3) 売上高：500円/個×5,000個=2,500,000円(各期とも同じ)

(4) 変動費

〈X1期〉

変動製造原価
600,000円
(@120×5,000個) →

仕掛品

当期投入	完成(生産)
5,000個	5,000個
600,000円	600,000円
(@120円)	

製品

完成(生産)	販売
5,000個	5,000個
600,000円	600,000円

変動販売費：80円×5,000個=400,000円
変動費合計：600,000円+400,000円=1,000,000円

〈X2期〉

変動製造原価
720,000円
(@120×6,000個) →

仕掛品

当期投入	完成(生産)
6,000個	6,000個
720,000円	720,000円
(@120円)	

製品

完成(生産)	販売
6,000個	5,000個
720,000円	600,000円
	期末1,000個
	120,000円

変動販売費：80円×5,000個=400,000円
変動費合計：600,000円+400,000円=1,000,000円

(5) 固定費：600,000円+200,000円+250,000円=1,050,000円(各期同じ)

損益分岐点売上高の計算

損益分岐点売上高をX円とする。

変動費率は1,000,000円÷2,500,000円=0.4(40%)

貢献利益率は1,500,000円÷2,500,000円=0.6(60%)

X−0.4X =1,050,000円より

0.6X =1,050,000円

X =1,750,000円

※1,750,000円以上の売上高を上げていれば、赤字にならない収益構造であることがわかった。

第9章 原価計算の簡単な計算例と表示例

9-5 財務諸表の表示と相互の関係

本章の最後に、全部原価計算の計算例を使って、財務諸表の表示例と相互のを示してみましょう。貸借対照表・損益計算書・製造原価報告書の表示とお互いの関係がどのようになっているか、具体的なイメージをしっかりとつかんでください。

9-1および9-2の集計結果にもとづく「第2期」のデータ

1. 貸借対照表

期末製品・・・220,000円　期末仕掛品・期末材料・・・0円とします。

※@220円×1,000個（期末の製品在庫数量）=220,000円

2. 損益計算書

売上高・・・2,500,000円　売上原価・・・1,100,000円　売上総利益・・・1,400,000円

販売費・・・・600,000円　一般管理費・・・250,000円　営業利益・・・・450,000円

※売上原価1,100,000円の内訳（製品1個当たり売上原価は@220円）

変動費　@120円×販売数量5,000個=600,000円

固定費　@100円（600,000円÷6,000個）×販売数量5,000個=500,000円

3. 製造原価報告書

変動費・・・720,000円（@120円×生産量6,000個）

※変動費の内訳は次の通りとします。

材料費・・・480,000円（@80円×6,000個）

労務費・・・240,000円（@40円×6,000個）。

固定費・・・600,000円

※固定費はすべて経費とします。

財務諸表の表示例と相互の関連

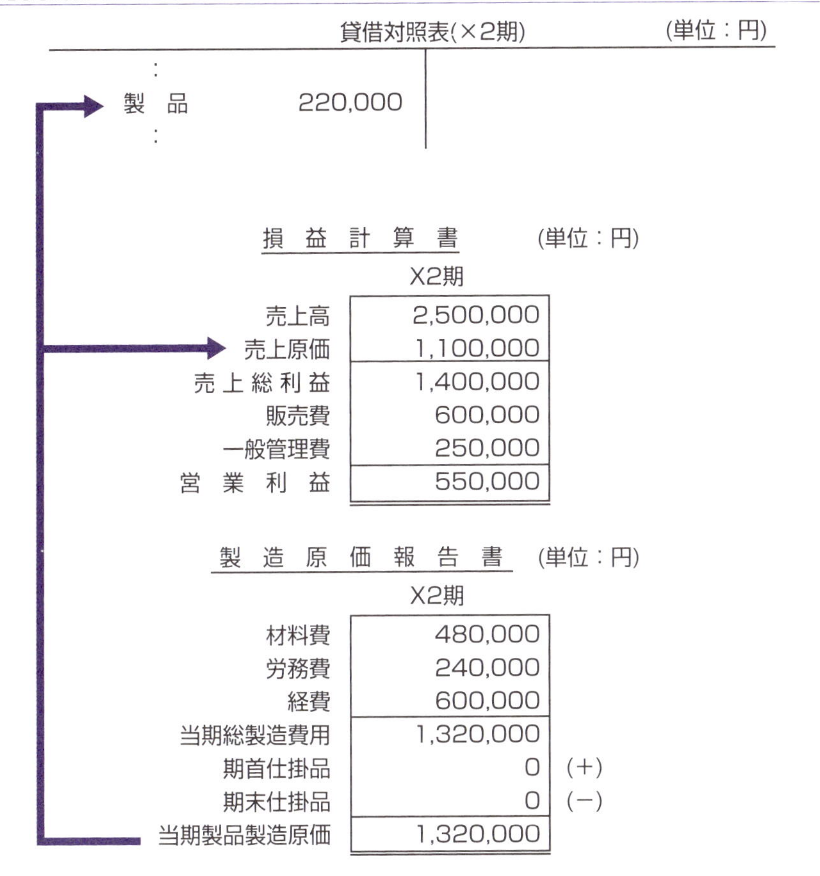

貸借対照表(×2期)　　(単位：円)

:	
製　品	220,000
:	

損　益　計　算　書　　(単位：円)

	X2期
売上高	2,500,000
売上原価	1,100,000
売上総利益	1,400,000
販売費	600,000
一般管理費	250,000
営業利益	550,000

製　造　原　価　報　告　書　　(単位：円)

	X2期	
材料費	480,000	
労務費	240,000	
経費	600,000	
当期総製造費用	1,320,000	
期首仕掛品	0	(＋)
期末仕掛品	0	(−)
当期製品製造原価	1,320,000	

製造原価報告書と損益計算書・貸借対照表の関係

×2期において、6,000個の製品を製造するために、材料費は@80円×6,000個＝480,000円、労務費は@40円×6,000個＝240,000円、経費はすべて固定費で600,000円かかりました。

したがって、×2期の一年間における総製造費用は480,000円＋240,000円＋600,000円＝1,320,000円です。期首および期末に未完成品は存在しないという過程ですので、仕掛品はゼロです。

　その結果、当期の一年間で生産した完成品の原価すなわち当期製品製造原価は、当期総製造費用と同じ1,320,000円となります。

　製品一個当たりの製造原価は1,320,000円÷6,000個＝@220円ですね。

　これら生産高のうち、5,000個が販売されて売上原価になります。

　残り1,000個は製品倉庫にあるので期末の製品在庫（資産）として貸借対照表に表示されます。

　損益計算書の売上原価は@220円×5,000個＝1,100,000円、貸借対照表の製品は@220円×1,000個＝220,000円と、当期製品製造原価の金額がそれぞれ2カ所に分けられていく様子がイメージできればよいでしょう。

　以上、簡単な設例による3つの財務諸表の相互関係をしっかりと理解できるようになってください。

索　引

INDEX

A

B

P

あ行

か行

さ行

索引

た行

な行

は行

ま行

や行

ら行

著者紹介

柴山（しばやま）　政行（まさゆき）

公認会計士・税理士
柴山会計ラーニング株式会社代表・柴山政行公認会計士税理士事務所所長

【主な経歴】
1965 年　神奈川県生まれ
1990 年　埼玉大学経済学部卒業
1992 年　公認会計士 2 次試験に合格し、大手監査法人に入所
1998 年　柴山政行公認会計士事務所を開設
2004 年　合資会社柴山会計ソリューションを設立
2007 年　柴山ソリューションズ株式会社を設立
2012 年　柴山会計ラーニング株式会社を設立

公認会計士・税理士としての業務のほか、経営者や税理士向けにコンサルティング指導、メルマガ・インターネットを中心とした簿記・会計教材の製作、会計関連の講演やセミナーなど、多岐にわたって精力的に行っている。
また、小中学生から始められる簿記・会計教育「キッズ★ BOKI」のメソッドを開発し、その普及に力を注いでいる。

【主な著書】
『Google 経済学』（フォレスト出版）
『銀座を歩けば経済がわかる！』（フォレスト出版）
『いちばんわかりやすいはじめての簿記入門』（成美堂出版）
『いちばんわかりやすいはじめての経理入門』（成美堂出版）
『日本一やさしい「決算書」の読み方』（プレジデント社）
『ポケット図解・会計がよ～くわかる本』（秀和システム）
ほか多数

＜著者メールマガジン＞
http://www.mar2.com/m/0000133281.html

＜時事問題財務分析マスターゼミ＞
https://bokikaikei.net/master/

図解入門ビジネス
最新 原価計算の基本と仕組みが
よ～くわかる本［第3版］

発行日	2019年 11月 20日	第1版第1刷
	2023年 4月 15日	第1版第3刷

著　者　柴山　政行

発行者　斉藤　和邦
発行所　株式会社　秀和システム
〒135-0016
東京都江東区東陽2-4-2　新宮ビル2F
Tel 03-6264-3105（販売）　Fax 03-6264-3094
印刷所　三松堂印刷株式会社　Printed in Japan

ISBN978-4-7980-6036-1 C2034

定価はカバーに表示してあります。
乱丁本・落丁本はお取りかえいたします。
本書に関するご質問については、ご質問の内容と住所、氏名、電話番号を明記のうえ、当社編集部宛FAXまたは書面にてお送りください。お電話によるご質問は受け付けておりませんのであらかじめご了承ください。